ANTONIN ARTAUD

L'Ombilic
des Limbes

PRÉCÉDÉ DE

Correspondance
avec Jacques Rivière

ET SUIVI DE

Le Pèse-Nerfs. Fragments
d'un Journal d'Enfer.
L'Art et la Mort. Textes
de la période surréaliste.

PRÉFACE
D'ALAIN JOUFFROY

nrf

GALLIMARD

« PORTE OUVERTE »

Quand on a lu Artaud, on ne s'en remet pas. Ses textes sont de ceux, très rares, qui peuvent orienter et innerver toute une vie, influer directement ou indirectement sur la manière de sentir et de penser, régler une conduite subversive à travers toutes sortes de sentiments, de préjugés et de tabous qui, à l'intérieur de notre « culture », contribuent à freiner et même à arrêter un élan fondamental. Exceptionnel à cet égard, puisque son œuvre ne cesse de susciter des questions auxquelles il semble aujourd'hui encore impossible d'apporter des réponses précises, Artaud ne peut être considéré ni comme un écrivain, ni comme un poète, ni comme un acteur, ni comme un metteur en scène, ni comme un théoricien, mais comme un homme qui a tenté d'échapper à toutes ces définitions, et auquel la société dans laquelle nous vivons a opposé la plus grande résistance, la plus grande surdité, la plus grande répression possible. Le comprendre, c'est prendre d'abord conscience de la guerre particulière qui a été la sienne, des dangers qu'elle lui a fait courir, et des conséquences qu'elle a eues dans les rapports du langage avec la vie, c'est-à-dire dans le domaine où tout s'organise et se ré-organise sans cesse.

Sa vie d'écrivain commence en 1923, par un dialogue sur la pensée et l'écriture : la Correspondance avec Jacques Rivière, *dont le prétexte fut constitué par les poèmes qu'Artaud envoya à ce dernier. Étrange correspondance, où soudain il n'est plus tellement question des poèmes proprement dits, mais d' « une effroyable maladie de l'esprit », qui semble se répercuter aux yeux d'Artaud dans les « images », les « tournures fortes », et les expressions « mal venues » de ses poèmes. L'élucidation de cette « maladie » devient donc très vite le sujet de la correspondance, et si Artaud admet en passant qu' « une revue comme* la Nouvelle Revue Française *exige un certain niveau formel et une grande pureté de matière », il pose aussitôt la question qui me paraît l'une des grandes questions à poser chaque fois que l'on décide de « faire paraître » ce que l'on a écrit :*

« La substance de ma pensée est-elle donc si mêlée et sa beauté générale est-elle rendue si peu active par les impuretés et les indécisions qui la parsèment, qu'elle ne parvienne pas littéralement *à exister ? C'est tout le problème de ma pensée qui est en jeu. »*

Les textes qu'il écrivit ensuite, de l'Ombilic des Limbes *à* l'Art et la Mort *et aux textes de la période surréaliste, sont une réponse vécue, violente et détaillée à cette première question du 5 juin 1923. C'est cela, d'abord, qui justifie le choix que nous avons fait pour le premier volume d'Antonin Artaud dans la collection « Poésie ». Car, pour Artaud, rien n'est certain, rien n'est décidé à l'avance : « Il ne s'agit pour moi de rien moins que de savoir si j'ai ou non le droit de continuer à penser, en vers ou en prose », et il serait abusif de répondre à sa place à cette dernière question, ses textes seuls, ceux que je viens de citer comme tous ceux qui ont suivi, y répondant de manière indubitable. Tout s'est passé en effet pour lui comme si l'écriture était l'aventure qui allait bouleverser sa vie entière, et, de proche en proche, la vie en général.*

Jacques Rivière souhaitait qu'Artaud, « avec un peu de patience » et « par la simple élimination des images et des traits divergents », parvienne « à écrire des poèmes parfaitement cohérents et harmonieux ». Si Artaud n'a pas suivi ce conseil, c'est qu'il ne cherchait pas, contrairement à ce que croyait Rivière, à « proposer des œuvres ». « Là où d'autres proposent des œuvres, je ne prétends pas autre chose que de montrer mon esprit » : c'est la première phrase de l'Ombilic des Limbes, *son second recueil publié. Ainsi, la vie d'Artaud écrivain commence-t-elle par un acte d'effacement : il substitue à la notion d' « œuvres », quelque chose d'autre que l'écriture fait exister : son « esprit », dont il dira, dans son « Manifeste en langage clair », qu'il veut le « transporter ailleurs avec ses lois et ses organes ». Où?... Qu'on ne s'y trompe pas, il ne s'agit pas, pour lui, de faire l'apologie du désordre, des rêves et du délire : « Je me livre à la fièvre des rêves, mais c'est pour en retirer de nouvelles lois. Je recherche la multiplication, la finesse, l'œil intellectuel dans le délire, non la vaticination hasardée. Il y a un couteau que je n'oublie pas. » Voilà ce qui va lui servir d'écriture, ce couteau :*

Viande à saigner sous le marteau
Qu'on extirpe à coups de couteau

Il est évident que les « poèmes », tels qu'on les conçoit alors, « farces d'un style qui n'en est pas un », et tels

9

qu'il a tenté d'abord d'en écrire, ne pouvaient certainement pas permettre le passage de ce « couteau » dans la
viande. Aussi bien, peut-on affirmer sans trop extra-
poler que Jacques Rivière, en lui refusant ses poèmes,
a précipité la rupture d'Artaud avec une certaine
littérature, avec un certain « style », qui s'appelait alors,
dans sa conscience, « recevabilité d'un poème au Mer-
cure de France, aux Cahiers d'Art, à Action, à Commerce, et surtout et par-dessus tout, à cette sacro-sainte
N. R. F. dirigée par Jacques Rivière qui ne transigeait
pas avec un certain côté dirai-je Vermeer de Delft ou
peut-être Léonard de Vinci de la poésie[1] ». En préci-
pitant cette rupture, il a fait basculer toute la « poésie »
d'Artaud d'un tout autre côté que celui de la N.R.F.,
bien que l'Ombilic des Limbes ait paru en 1925
par les soins de cette revue et qu'Artaud ait trouvé
plus tard l'un de ses très rares et plus grands défenseurs
contemporains dans la personne de Jean Paulhan.
Non, quand il déclare à Jacques Rivière : « Je suis en
disponibilité de poésie », et : « La littérature proprement
dite ne m'intéresse qu'assez peu », quand il lui confie :
« Mes derniers poèmes me paraissent manifester un
sérieux progrès. Sont-ils vraiment si impubliables dans
leur totalité? D'ailleurs, peu importe, j'aime mieux
me montrer tel que je suis, dans mon inexistence et
dans mon déracinement », il fait de Rivière, non pas
son juge, mais le juge de ces fragments, de ces lettres
que Rivière lui propose de publier à la place de ses
poèmes. Ce qui lui importe, « ce à quoi je tiens principalement, c'est qu'une équivoque ne s'introduise pas
sur la nature des phénomènes que j'invoque pour ma

1. A. A., *Préambule* au vol. I des *Œuvres complètes*, p. 8.

défense. *Il faut que le lecteur croie à ma véritable mala-*
die et non à un phénomène d'époque, à une maladie
qui touche à l'essence de l'être et à ses possibilités
centrales d'expression, et qui s'applique à toute une
vie ». *La littérature a ses juges, il n'en est pas un; la maladie est son sujet, et il fait tout tourner autour d'elle. Veut-il donc obscurcir le sens de ses écrits, les protéger d'un tribunal qui pourrait les réduire à un « phénomène d'époque »? Il répond magistralement dans le texte d'introduction à l'Ombilic des Limbes : « Il faut en finir avec l'Esprit comme avec la littérature. Je dis que l'Esprit et la vie communiquent à tous les degrés. Je voudrais faire un livre qui dérange les hommes, qui soit comme une porte ouverte et qui les mène là où ils n'auraient jamais consenti à aller, une porte simplement abouchée avec la réalité. » C'est du côté de cette « porte ouverte » qu'Artaud va donc se diriger, transporter son esprit « avec ses lois et ses organes », c'est de ce côté que la « poésie », obéissant à une décision globale de toute la pensée, tente de se jeter dans l'espace et le temps réels, et prend corps, se transforme et agit au même instant, comme en s'expulsant de sa propre mère. Ainsi, Antonin Artaud va-t-il, dès lors, assister à Antonin Artaud, devenir le théâtre où tout se joue, et où tout doit mourir, pour qu'une autre chose naisse et pour que la réalité, une réalité « abouchée » avec la pensée, apparaisse enfin, même si l'Esprit et la litté-rature doivent en périr, et même si ses juges le privent finalement, lui, Artaud, de cette « liberté absolue » dont il commence par s'excuser. Il transgresse en effet d'avance tous les jugements qu'on peut porter sur son entreprise : « J'ai, écrit-il à Rivière, pour me guérir du jugement des autres, toute la distance qui me sépare*

11

de moi. » Ce défi, il l'a maintenu toute sa vie, en traversant comme un rideau de fumée le plus élémentaire « bon sens », et il l'a poussé jusqu'à la limite extrême dans l'un de ses derniers textes : Pour en finir avec le jugement de dieu. *Pour en finir avec le jugement des autres comme avec celui de Dieu, tout l'esprit et tout le corps d'Artaud se sont révoltés, afin de faire craquer les coutures morales entre lesquelles « l'esprit » a été privé de son propre pouvoir.* « Qui nous juge, n'est pas né à l'esprit, à cet esprit que nous voulons dire et qui est pour nous en dehors de ce que vous appelez l'esprit. » *Artaud a donc méprisé tout ce qui n'était pas « l'abîme complet » dans lequel il a tenté d'atteindre cet esprit qui se dérobait, cet esprit pour lequel « il ne faut pas trop laisser passer la littérature ». Il s'est fait le témoin, « le seul témoin de [lui]-même ».* « Et je vous l'ai dit : pas d'œuvre, pas de langage, pas de parole, pas d'esprit, rien. | Rien, sinon un beau Pèse-Nerfs. | Une sorte de station incompréhensible et toute droite au milieu de tout dans l'esprit. »

C'est en cela, si l'on veut, qu'Artaud a réinventé la poésie, en faisant d'elle une activité mentale dont l'objet dépasse et domine l'œuvre écrite. Mais pour le faire, il fallait encore le dire, l'écrire, fût-ce par éclairs, par fragments, et toujours en s'invectivant lui-même. Il fallait écrire l'Ombilic des Limbes, le Pèse-Nerfs, l'Art et la Mort *pour détruire la poésie qui se satisfait de ses mots et de ses images, qui ronronne dans cette terrible absence de pensée à laquelle elle se borne. De même, il lui faudra, plus tard, écrire non seulement* le Théâtre et son Double, *mais* les Cenci, *pour libérer le théâtre de la dictature du texte,* « en finir avec cette superstition des textes et de la poésie écrite ».

12

C'est le grand paradoxe des révolutionnaires que de faire précéder toujours leur action par des mots qui sont, en même temps que sa négation, le commandement magnétique d'une action.

Aussi bien, convient-il de prévenir le lecteur qui attend de ce recueil de textes qu'il lui révèle la « poésie » d'Artaud : il ne pourra le faire grâce aux seuls et rares poèmes en vers qu'Artaud n'a pas reniés.

C'est dans les textes « en prose » qu'Artaud écrit sa pensée, qu'il a émis ses « coups de dés » et forcé la porte. Jacques Derrida a lucidement souligné, dans l'essai qu'il lui a consacré[1], le danger réel du discours destructeur, qui appartient à l'objet de sa destruction : l'appartenance magique du signe à la chose signifiée demeure celle-là même que vise, de manière sempiternelle, toute poésie vécue par le poète. Et Derrida a raison de citer cette lettre de 1946 où Artaud, qui a refusé de s'ériger tout entier lui-même à partir de son œuvre écrite, a admis qu'il était cependant l'auteur d'une œuvre. Dans cette lettre, en effet, parlant de l'Ombilic des Limbes *et du* Pèse-Nerfs, *Artaud déclare : « Sur le moment, ils m'ont paru pleins de lézardes, de failles, de platitudes et comme farcis d'avortements spontanés. Mais après vingt ans écoulés, ils m'apparaissent stupéfiants, non de réussite par rapport à moi, mais par rapport à l'inexprimable. C'est ainsi que les œuvres prennent de la bouteille et que,* mentant toutes *par rapport à l'écrivain, elles constituent par elles-mêmes, une vérité bizarre... Un inexprimable exprimé par des œuvres qui ne sont que des débâcles présentes. » Mais*

---

1. « La Parole soufflée », in *L'Écriture et la Différence*, Éditions du Seuil, p. 290.

le risque ainsi couru par le destructeur dans son discours, c'est de perpétuer négativement *la civilisation en face de l'image « positive » et fallacieuse qu'elle se donne d'elle-même.* Car Artaud veut nous guérir, ne l'oublions pas, de la maladie dont souffre l'esprit « au milieu des concepts », comme il a voulu, plusieurs fois, se guérir de l'intoxication de la drogue. Il ne cherche certainement pas à nous satisfaire, mais sans doute à nous faire trouver notre place. C'est un calme effrayant, mais dominateur, un calme qui s'établirait au-dessus de nos propres déchirements, dont il veut nous rendre maîtres : voilà, selon moi, si l'on veut bien consentir à la possibilité d'interprétation, le sens mystérieux du « beau Pèse-Nerfs ». Il ne se révolte contre les mots et contre le langage que dans la mesure où ils ne coïncident pas totalement avec le *jet de la pensée :* s'ils font passer ce jet, il n'est plus leur ennemi. « L'art suprême, écrit-il, est de rendre, par le truchement d'une rhétorique bien appliquée, à l'expression de notre pensée, la roideur et la vérité de ses stratifications initiales, ainsi que dans le langage parlé. Et l'art est de ramener cette rhétorique au point de cristallisation nécessaire pour ne plus faire qu'un avec de certaines manières d'être, réelles, du sentiment et de la pensée. En un mot, le seul écrivain durable est celui qui aura su faire se comporter cette rhétorique comme si elle était déjà de la pensée, et non le geste de la pensée. » *On pourrait donc faire commencer à Artaud une nouvelle réflexion sur la pensée, et, en particulier sur la pensée à venir, s'il en est une qui mérite qu'on s'en soucie. Mais tout se passe effectivement, dans l'univers des lettres et de la critique littéraire, comme si les poèmes que l'on écrit encore aujourd'hui n'étaient plus que les pressentiments*

à rebours d'une pensée — d'une « vérité aléatoire »,
qu'Artaud a lancée au-delà de nous à ses risques et périls.
La poésie n'est plus, ne peut plus être, en elle-même et
pour elle-même, sa propre justification : elle n'a de
chance d'agir et de communiquer fortement que lors-
qu'elle roule comme un tonnerre dans son absence à
elle-même, et elle ne peut former un « texte » — ni
« cohérent », ni « harmonieux » — que dans la mesure
où elle s'y présente comme autre chose que de la poésie.

   On ne saurait donc présenter Artaud comme un
« poète », au sens restrictif et purement littéraire qu'on
donne souvent à ce mot. Son œuvre nous invite à recon-
sidérer toutes les notions et toutes les habitudes de
l'humanisme traditionnel, et ce serait trahir sa signification, ce serait détourner de son but l'énergie qu'elle
sécrète, que de la situer dans une autre perspective que
celle d'un présent tout entier orienté par l'avenir. Rien
de ce qu'Artaud a annoncé, rien de ce qu'il a dit, n'a pu
tomber dans le domaine des idées récupérées, asepti-
sées et contrôlées par la société où nous vivons : sa
parole et sa pensée nous devancent encore, et c'est
derrière elles, en retrait par rapport à elles, que ses
commentateurs les plus exacts, de Maurice Blanchot à
Jacques Derrida, se sentent et se savent condamnés
à parler eux-mêmes. Aussi bien, pour écrire comme
je le tente ici, une « introduction » à la pensée d'Artaud,
convient-il de faire comme si nous en étions déjà presque
au point où nous l'aurons rejointe, comme si Artaud
faisait déjà partie intégrante de cette conscience individuelle et plurielle sans laquelle chacun de nous se réduit à
une parcelle non illuminée et non éclairante de la totalité.
Le risque est grand, mais ce serait se vouer soi-même
à la plus lâche de toutes les ignorances et au plus veule

des renoncements, que de ne pas le courir. Car Artaud
fait partie de ces écrivains exceptionnels qui exigent souverainement de leurs lecteurs qu'ils se désarrangent par
rapport à un monde devenu anormal — « car ce n'est
pas l'homme mais le monde qui est devenu un anormal » —, et devant lesquels la vraie norme se confond
avec un défi incessant de la pensée.

Pour faire exister cette « poésie » à venir, que nous
découvrons à la lecture des textes d'Artaud, pour extirper
de nous-mêmes, et à leur contact, une pensée qui agisse
par la seule vibration, par le seul entrechoc des signes
qu'elle émet, il deviendra de plus en plus nécessaire de
détruire d'abord le formidable réseau de contradictions
dans lequel nous enserrent les systèmes de plus en plus
contradictoires de la pensée rationnelle. C'est par une
telle destruction que la lecture de l'Ombilic des Limbes
et du Pèse-Nerfs, ainsi que celle des textes de la période
surréaliste d'Artaud (1924-1928), peuvent devenir un
acte perçant, et comme électriquement contagieux. Quand,
par la parole ou par l'écriture, nous avançons aujour-
d'hui quelques propositions aventureuses comme des
instruments sanglants sur la blancheur clinique de la
page, nous brisons ce système de détournement par
l'oubli qui fait que chaque journée d'un homme l'éloigne
davantage du centre coordinateur — du « nœud d'asphyxie centrale » — de sa propre pensée. « L'affirmation
d'une vérité pressentie, si aléatoire soit-elle », dans
laquelle Artaud voyait « toute la raison de (s)a vie »,
telles sont selon nous, la théorie et la pratique de toute
poésie : celle qu'on écrit, celle qu'on lit et celle qu'on vit.
La poésie n'est plus un concept suffisant pour définir
l'aventure qui commence avec elle.

Alain Jouffroy

Correspondance
avec Jacques Rivière

I

JACQUES RIVIÈRE A ANTONIN ARTAUD

Le 1er mai 1923.

Monsieur,

Je regrette de ne pouvoir publier vos poèmes dans *la Nouvelle Revue Française.* Mais j'y ai pris assez d'intérêt pour désirer faire la connaissance de leur auteur. S'il vous était possible de passer à la revue un vendredi, entre quatre et six heures, je serais heureux de vous voir.

Recevez, je vous prie, Monsieur, l'assurance de mes sentiments les plus sympathiques.

Jacques Rivière.

ANTONIN ARTAUD A JACQUES RIVIÈRE

Le 5 juin 1923.

Monsieur,
Voulez-vous, au risque de vous importuner, me

19

permettre de revenir sur quelques termes de notre conversation de cet après-midi.

C'est que la question de la recevabilité de ces poèmes est un problème qui vous intéresse autant que moi. Je parle, bien entendu, de leur recevabilité absolue, de leur existence littéraire.

Je souffre d'une effroyable maladie de l'esprit. Ma pensée m'abandonne à tous les degrés. Depuis le fait simple de la pensée jusqu'au fait extérieur de sa matérialisation dans les mots. Mots, formes de phrases, directions intérieures de la pensée, réactions simples de l'esprit, je suis à la poursuite constante de mon être intellectuel. Lors donc que *je peux saisir une forme*, si imparfaite soit-elle, je la fixe, dans la crainte de perdre toute la pensée. Je suis au-dessous de moi-même, je le sais, j'en souffre, mais j'y consens dans la peur de ne pas mourir tout à fait.

Tout ceci qui est très mal dit risque d'introduire une redoutable équivoque dans votre jugement sur moi.

C'est pourquoi par égard pour le sentiment central qui me dicte mes poèmes et pour les images ou tournures fortes que j'ai pu trouver, je propose malgré tout ces poèmes à l'existence. Ces tournures, ces expressions mal venues que vous me reprochez, je les ai senties et acceptées. Rappelez-vous : je ne les ai pas contestées. Elles proviennent de l'incertitude profonde de ma pensée. Bien heureux quand cette incertitude n'est pas remplacée par l'inexistence absolue dont je souffre quelquefois.

Ici encore je crains l'équivoque. Je voudrais que vous compreniez bien qu'il ne s'agit pas de ce plus ou moins d'existence qui ressortit à ce que l'on est convenu d'appeler l'inspiration, mais d'une absence totale, d'une véritable déperdition.

Voilà encore pourquoi je vous ai dit que je n'avais rien, nulle œuvre en suspens, les quelques choses que je vous ai présentées constituant les lambeaux que j'ai pu regagner sur le néant complet.

Il m'importe beaucoup que les quelques manifestations d'existence *spirituelle* que j'ai pu me donner à moi-même ne soient pas considérées comme inexistantes par la faute des taches et des expressions mal venues qui les constellent.

Il me semblait, en vous les présentant, que leurs défauts, leurs inégalités n'étaient pas assez criantes pour détruire l'impression d'ensemble de chaque poème.

Croyez bien, Monsieur, que je n'ai en vue aucun but immédiat ni mesquin, je ne veux que vider un problème palpitant.

Car je ne puis pas espérer que le temps ou le travail remédieront à ces obscurités ou à ces défaillances, voilà pourquoi je réclame avec tant d'insistance et d'inquiétude, cette existence même avortée. Et la question à laquelle je voudrais avoir réponse est celle-ci : Pensez-vous qu'on puisse reconnaître moins d'authenticité littéraire et de pouvoir d'action à un poème défectueux mais semé de beautés fortes qu'à un poème parfait mais sans grand retentissement intérieur ? J'admets qu'une revue comme *la Nouvelle Revue Française* exige un certain niveau formel et une grande pureté de matière, mais ceci enlevé, la substance de ma pensée est-elle donc si mêlée et sa beauté générale est-elle rendue si peu active par les impuretés et les indécisions qui la parsèment, qu'elle ne parvienne pas *littérairement* à exister? C'est tout le problème de ma pensée qui est en jeu. Il ne s'agit pour moi de rien moins que de savoir si j'ai ou non le droit de continuer à penser, en vers ou en prose.

Je me permettrai un de ces prochains vendredis de vous faire hommage de la petite plaquette de poèmes que M. Kahnweiler vient de publier et qui a nom : *Tric Trac du Ciel*, ainsi que du petit volume des Contemporains : *les Douze Chansons*. Vous pourrez alors me communiquer votre appréciation *définitive* sur mes poèmes.

Antonin Artaud.

JACQUES RIVIÈRE A ANTONIN ARTAUD

Le 23 juin 1923.

Cher Monsieur,

J'ai lu attentivement ce que vous avez bien voulu soumettre à mon jugement et c'est en toute sincérité que je crois pouvoir vous rassurer sur les inquiétudes que trahissait votre lettre et dont j'étais si touché que vous me choisissiez pour confident. Il y a dans vos poèmes, je vous l'ai dit du premier coup, des maladresses et surtout des étrangetés déconcertantes. Mais elles me paraissent correspondre à une certaine recherche de votre part plutôt qu'à un manque de commandement sur vos pensées.

Évidemment (c'est ce qui m'empêche pour le moment de publier dans *la Nouvelle Revue Française* aucun de vos poèmes) vous n'arrivez pas en général à une unité suffisante d'impression. Mais j'ai assez l'habitude de lire les manuscrits pour entrevoir que cette concentration de vos moyens vers un objet poétique simple ne vous est pas du tout interdite par votre tempérament et qu'avec un peu de patience, même si ce ne doit être que par la simple élimination des images ou des traits divergents, vous arriverez à écrire des poèmes parfaitement cohérents et harmonieux.

Je serai toujours ravi de vous voir, de causer avec vous et de lire ce qu'il vous plaira de me soumettre. Dois-je vous renvoyer l'exemplaire que vous m'avez apporté?

Je vous prie, cher Monsieur, d'agréer l'assurance de mes sentiments les plus sympathiques.

Jacques Rivière.

II

ANTONIN ARTAUD A JACQUES RIVIÈRE

Paris, le 29 janvier 1924.

Monsieur,

Vous êtes en droit de m'avoir oublié. Je vous avais fait dans le courant de mai dernier une petite confession mentale. Et je vous avais posé une question. Cette confession, voulez-vous me permettre de la compléter aujourd'hui, de la reprendre, d'aller jusqu'au bout de moi-même. Je ne cherche pas à me justifier à vos yeux, il m'importe peu d'avoir l'air d'exister en face de qui que ce soit. J'ai pour me guérir du jugement des autres toute la distance qui me sépare de moi. Ne voyez dans ceci, je vous prie, nulle insolence, mais l'aveu très fidèle, l'exposition pénible d'un douloureux état de pensée.

De votre réponse, je vous en ai voulu pendant ongtemps. Je m'étais donné à vous comme un cas mental, une véritable anomalie psychique, et vous me répondiez par un jugement littéraire sur des poèmes auxquels je ne tenais pas, auxquels je ne pouvais pas tenir. Je me flattais de n'avoir pas été compris de vous. Je m'aperçois aujourd'hui que je n'avais peut-être pas été assez explicite, et cela encore pardonnez-le-moi.

Je m'étais imaginé vous retenir sinon par le précieux de mes vers, du moins par la rareté de certains phénomènes d'ordre intellectuel, qui faisaient que justement ces vers n'étaient pas, ne pouvaient pas être autres, alors que j'avais en moi justement de quoi les amener à l'extrême bout de la perfection. Affirmation vaniteuse, j'exagère, mais à dessein.

Ma question était peut-être en effet spécieuse, mais c'est à vous que je la posais, à vous et à nul autre, à cause de la sensibilité extrême, de la pénétration presque maladive de votre esprit. Je me flattais de vous apporter un cas, un cas mental caractérisé, et, curieux comme je vous pensais de toute déformation mentale, de tous les obstacles destructeurs de la pensée, je pensais du même coup attirer votre attention sur la valeur *réelle*, la valeur initiale de ma pensée, et des productions de ma pensée.

Cet éparpillement de mes poèmes, ces vices de forme, ce fléchissement constant de ma pensée, il faut l'attribuer non pas à un manque d'exercice, de possession de l'instrument que je maniais, de *développement intellectuel;* mais à un effondrement central de l'âme, à une espèce d'érosion, essentielle à la fois et fugace, de la pensée, à la non-possession passagère des bénéfices matériels de mon développement, à la séparation anormale des éléments de la pensée (l'impulsion à penser, à chacune des stratifications terminales de la pensée, en passant par tous les états, toutes les bifurcations de la pensée et de la forme).

Il y a donc un quelque chose qui détruit ma pensée; un quelque chose qui ne m'empêche pas d'être ce que je pourrais être, mais qui me laisse, si je puis dire, en suspens. Un quelque chose de furtif qui m'enlève les mots *que j'ai trouvés*, qui diminue ma tension mentale, qui détruit au fur et à mesure dans sa substance la masse de ma pensée, qui m'enlève jusqu'à la mémoire des tours par lesquels on s'exprime et qui traduisent avec exactitude les modulations les plus inséparables, les plus localisées, les plus existantes de la pensée. Je n'insiste pas. Je n'ai pas à décrire mon état.

J'en voudrais dire seulement assez pour être enfin compris et cru de vous.

Et donc faites-moi crédit. Admettez, je vous prie, la réalité de ces phénomènes, admettez leur furtivité, leur répétition éternelle, admettez que cette lettre je l'eusse écrite avant aujourd'hui si je n'avais été dans cet état. Et voici donc encore une fois ma question :

Vous connaissez la subtilité, la fragilité de l'esprit? Ne vous en ai-je pas dit assez pour vous prouver que j'ai un esprit qui *littérairement* existe, comme T. existe, ou E., ou S., ou M. Restituez à mon esprit le rassemblement de ses forces, la cohésion qui lui manque, la constance de sa tension, la consistance de sa propre substance. (Et tout cela objectivement est si peu.) Et dites-moi si ce qui manque à mes poèmes (anciens) ne leur serait pas restitué d'un seul coup?

Croyez-vous que dans un esprit bien constitué le saisissement marche avec l'extrême faiblesse, et qu'on peut à la fois étonner et décevoir? Enfin, si je juge très bien mon esprit, je ne peux juger les productions de mon esprit que dans la mesure où elles se confondent avec lui dans une espèce d'inconscience bienheureuse. Ce sera là mon critérium.

Je vous envoie donc pour terminer, je vous présente

la dernière production de mon esprit. Relativement à moi elle ne vaut que peu de chose, quoique mieux tout de même que le néant. C'est un pis aller. Mais la question pour moi est de savoir s'il vaut mieux écrire cela ou ne rien écrire du tout.

La réponse à cela, c'est vous qui la ferez en acceptant ou en refusant ce petit essai. Vous le jugerez, vous, du point de vue de l'absolu. Mais je vous dirai que ce me serait une bien belle consolation de penser que, bien que n'étant pas *tout* moi-même, aussi haut, aussi dense, aussi large que moi, je peux encore être quelque chose. C'est pourquoi, Monsieur, soyez vraiment absolu. Jugez cette prose en dehors de toute question de tendance, de principes, de goût personnel, jugez-la avec la charité de votre âme, la lucidité essentielle de votre esprit, repensez-la avec votre cœur.

Elle indique probablement un cerveau, une âme qui existent, à qui une certaine place revient. En faveur de l'irradiation palpable de cette âme, ne l'écartez que si votre conscience de toutes ses forces proteste, mais si vous avez un doute, qu'il se résolve en ma faveur.

Je m'en remets à votre jugement.

Antonin Artaud.

POST-SCRIPTUM D'UNE LETTRE OU ÉTAIENT DISCUTÉES CERTAINES THÈSES LITTÉRAIRES DE JACQUES RIVIÈRE

Vous me direz : pour donner un avis sur des questions semblables, il faudrait une autre cohésion mentale et une autre pénétration. Eh bien! c'est ma faiblesse à moi et mon *absurdité* de vouloir écrire à tout prix, et m'exprimer.

Je suis un homme qui a beaucoup souffert de l'esprit, et à ce titre j'ai le *droit* de parler. Je sais comment ça se trafique là dedans. J'ai accepté une fois pour toutes de me soumettre à mon infériorité. Et cependant je ne suis pas bête. Je sais qu'il y aurait à penser plus loin que je ne pense, et peut-être autrement. J'attends, moi, seulement que change mon cerveau, que s'en ouvrent les tiroirs supérieurs. Dans une heure et demain peut-être j'aurai changé de pensée, mais cette pensée présente existe, je ne laisserai pas se perdre ma pensée.

A. A.

CRI

Le petit poète céleste
Ouvre les volets de son cœur.
Les cieux s'entrechoquent. L'oubli
Déracine la symphonie.

Palefrenier la maison folle
Qui te donne à garder des loups
Ne soupçonne pas les courroux
Qui couvent sous la grande alcôve
De la voûte qui pend sur nous.

Par conséquent silence et nuit
Muselez toute impureté
Le ciel à grandes enjambées
S'avance au carrefour des bruits.

L'étoile mange. Le ciel oblique
Ouvre son vol vers les sommets
La nuit balaye les déchets
Du repas qui nous contentait.

Sur terre marche une limace
Que saluent dix mille mains blanches
Une limace rampe à la place
Où la terre s'est dissipée.

Or des anges rentraient en paix
Que nulle obscénité n'appelle
Quand s'éleva la voix réelle
De l'esprit qui les appelait.

Le soleil plus bas que le jour
Vaporisait toute la mer.
Un rêve étrange et pourtant clair
Naquit sur la terre en déroute.

Le petit poète perdu
Quitte sa position céleste
Avec une idée d'outre-terre
Serrée sur son cœur chevelu.

*

Deux traditions se sont rencontrées.
Mais nos pensées cadenassées
N'avaient pas la place qu'il faut,
Expérience à recommencer.

A. A.

Le 22 mars 1924.

Ma lettre méritait au moins une réponse. Renvoyez, Monsieur, lettres et manuscrits.

J'aurais voulu trouver quelque chose d'intelligent à vous dire, pour bien marquer ce qui nous sépare, mais inutile. Je suis un esprit pas encore formé, un imbécile : pensez de moi ce que vous voudrez.

Antonin Artaud.

JACQUES RIVIÈRE A ANTONIN ARTAUD

Paris, le 25 mars 1924.

Cher Monsieur,

Mais oui, je suis bien de votre avis, vos lettres méritaient une réponse; je n'ai pas pu encore vous la donner : voilà tout. Excusez-moi, je vous prie.

Une chose me frappe : le contraste entre l'extra-ordinaire précision de votre diagnostic sur vous-même et le vague, ou, tout au moins, l'informité des réalisations que vous tentez.

J'ai eu tort sans doute, dans ma lettre de l'an dernier, de vouloir vous rassurer à tout prix : j'ai fait comme ces médecins qui prétendent guérir leurs patients en refusant de les croire, en niant l'étrangeté de leur cas, en les replaçant de force dans la normale. C'est une mauvaise méthode. Je m'en repens.

Même si je n'en avais pas d'autre témoignage, votre écriture tourmentée, chancelante, croulante, comme absorbée çà et là par de secrets tourbillons, suffirait à me garantir la réalité des phénomènes d'« érosion » mentale dont vous vous plaignez.

Mais comment y échappez-vous si bien quand vous tentez de définir votre mal ? Faut-il croire que l'angoisse vous donne cette force et cette lucidité qui vous manquent quand vous n'êtes pas vous-même en cause ? Ou bien est-ce la proximité de l'objet que vous travaillez à saisir qui vous permet tout à coup une prise si bien assurée ? En tout cas, vous arrivez, dans l'analyse de votre propre esprit, à des réussites complètes, remarquables, et qui doivent vous rendre confiance dans cet esprit même, puisque aussi bien l'instrument qui vous les procure c'est encore lui.

D'autres considérations peuvent aussi vous aider non pas peut-être à espérer la guérison, mais à prendre tout au moins votre mal en patience. Elles sont d'ordre général. Vous parlez en un endroit de votre lettre de la « fragilité de l'esprit ». Elle est surabondamment prouvée par les détraquements mentaux que la psychiatrie étudie et catalogue. Mais on n'a peut-être pas encore assez montré combien la pensée dite normale est le produit de mécanismes aventureux.

Que l'esprit existe par lui-même, qu'il ait une tendance à vivre de sa propre substance, qu'il se développe sur la personne avec une sorte d'égoïsme et sans s'inquiéter de la maintenir en accord avec le monde, c'est ce qui ne peut plus être, semble-t-il, de nos jours, contesté. Paul Valéry a mis en scène d'une façon merveilleuse cette autonomie, en nous, de la fonction pensante, dans sa fameuse *Soirée avec M. Teste.* Pris en lui-même, l'esprit est une sorte de chancre; il se propage, il avance constamment dans tous les sens; vous notez vous-même comme un de vos tourments « l'impulsion à penser, à chacune des stratifications terminales de la pensée »; les débouchés de l'esprit sont en nombre illimité; aucune idée ne le bloque; aucune idée ne lui apporte fatigue et satisfaction; même ces apaisements temporaires que trouvent par l'exercice nos fonctions physiques, lui sont inconnus. L'homme qui pense se dépense à fond. Romantisme à part, il n'y a pas d'autre issue à la pensée pure que la mort.

Il y a toute une littérature, — je sais qu'elle vous préoccupe autant qu'elle m'intéresse, — qui est le produit du fonctionnement immédiat et, si je puis dire, animal de l'esprit. Elle a l'aspect d'un vaste champ de ruines; les colonnes qui s'y tiennent debout ne sont soutenues que par le hasard. Le hasard y règne, et une sorte de multitude morne. On peut dire qu'elle est l'expression la plus exacte et la plus directe de ce monstre que tout homme porte en lui, mais cherche d'habitude instinctivement à entraver dans les liens des faits et de l'expérience.

Mais, me direz-vous, est-ce bien là ce qu'il faut appeler la « fragilité de l'esprit »? Tandis que je me plains d'une faiblesse, vous me peignez une autre maladie qui viendrait d'un excès de force, d'un trop-plein de puissance.

Voici ma pensée serrée d'un peu plus près : l'esprit

est fragile en ceci qu'il a besoin d'obstacles, — d'obstacles adventices. Seul, il se perd, il se détruit. Il me semble que cette « érosion » mentale, que ces larcins intérieurs, que cette « destruction » de la pensée « dans sa substance » qui affligent le vôtre, n'ont d'autre cause que la trop grande liberté que vous lui laissez. C'est l'absolu qui le détraque. Pour se tendre, l'esprit a besoin d'une borne et que vienne sur son chemin la bienheureuse opacité de l'expérience. Le seul remède à la folie, c'est l'innocence des faits.

Dès que vous acceptez le plan mental, vous acceptez tous les troubles et surtout tous les relâchements de l'esprit. Si par pensée on entend *création*, comme vous semblez faire la plupart du temps, il faut à tout prix qu'elle soit relative; on ne trouvera la sécurité, la constance, la force, qu'en engageant l'esprit dans quelque chose.

Je le sais : il y a une espèce d'ivresse dans l'instant de son émanation pure, dans ce moment où son fluide s'échappe directement du cerveau et rencontre une quantité d'espaces, une quantité d'étages et de plans où s'éployer. C'est cette impression toute subjective d'entière liberté, et même d'entière licence intellectuelle, que nos « surréalistes » ont essayé de traduire par le dogme d'une quatrième dimension poétique. Mais le châtiment de cet essor est tout près : l'universel possible se change en impossibilités concrètes; le fantôme saisi trouve pour le venger vingt fantômes intérieurs qui nous paralysent, qui dévorent notre substance spirituelle.

Est-ce à dire que le fonctionnement normal de l'esprit doive consister dans une servile imitation du donné et que penser ne soit rien de plus que reproduire? Je ne le crois pas; il faut choisir ce qu'on veut « rendre » et que ce soit toujours quelque chose non seulement de défini, non seulement de connaissable, mais encore d'inconnu; pour que l'esprit trouve toute sa puissance, il faut que le concret fasse fonction de mystérieux. Toute « pensée » réussie, tout langage qui saisit, les mots auxquels ensuite on reconnaît l'écrivain, sont toujours le résultat d'un compromis entre un courant d'intelligence qui sort de lui, et une ignorance qui lui advient, une surprise, un empêchement. La justesse d'une expression comporte toujours un reste d'hypothèse; il faut que la parole ait frappé un objet sourd, et plus tôt que ne l'eût atteint la raison. Mais où l'objet, où l'obstacle manquent tout à fait, l'esprit continue, inflexible et débile; et tout se désagrège dans une immense contingence.

Je vous juge peut-être à la fois d'un point de vue trop abstrait et avec des préoccupations trop personnelles : il me semble pourtant que votre cas s'explique en grande partie par les considérations auxquelles je viens de me livrer, un peu trop longuement, et qu'il rentre dans le schème général que j'ai essayé de tracer. Aussi longtemps que vous laissez votre force intellectuelle s'épancher dans l'absolu, elle est travaillée par des remous, ajourée par des impuissances, en butte à des souffles ravisseurs qui la désorganisent; mais aussitôt que, ramené par l'angoisse à votre propre esprit, vous la dirigez sur cet objet prochain et énigmatique, elle se condense, s'intensifie, se rend utile et pénétrante et vous apporte des biens positifs, à savoir des vérités exprimées avec tout le relief qui peut les rendre communicables, accessibles aux autres, quelque chose donc qui dépasse vos souffrances, votre existence même, qui vous agrandit et vous consolide, qui vous donne la seule réalité que l'homme puisse raisonnablement espérer conquérir par ses propres forces, la réalité en autrui.

Je ne suis pas optimiste par système; mais je refuse de désespérer de vous. Ma sympathie pour vous est très grande; j'ai eu tort de vous laisser si longtemps sans nouvelles.

Je garde votre poème. Envoyez-moi tout ce que vous ferez.

Croyez, je vous prie, à mes sentiments les meilleurs.

Jacques Rivière.

III

ANTONIN ARTAUD A JACQUES RIVIÈRE

Paris, le 7 mai 1924.

Bien cher Monsieur,

Pour en revenir à une discussion déjà ancienne, il
suffit de s'imaginer une minute que cette impossibilité
de m'exprimer s'applique aux besoins les plus néces-
saires de ma vie, à mes éventualités les plus urgentes,
— et à la souffrance qui s'ensuit, pour comprendre
que ce n'est pas faute d'acharnement, que je me
renonce. Je suis en disponibilité de poésie. Il ne tient
qu'à des circonstances fortuites et extérieures à mes
possibilités réelles que je ne me réalise pas. Il me
suffit que l'on croie que j'ai en moi des possibilités
de cristallisation des choses, en des formes et avec
les mots qu'il faudrait.

J'ai dû attendre tout ce temps d'être en situation
de vous adresser ce mince billet qui est clair à défaut
d'être bien écrit. Vous pouvez en tirer les conclusions
qui s'imposent.

Une chose me demeure un peu obscure dans votre
lettre : c'est l'utilisation que vous comptez faire du
poème que je vous ai adressé. Vous avez mis le doigt

sur un côté de moi-même; la littérature proprement
dite ne m'intéresse qu'assez peu, mais si par hasard
vous jugiez bon de le publier, je vous en prie, envoyez-
moi des épreuves, il m'importe beaucoup de changer
deux ou trois mots.

Toutes mes bonnes pensées.

Antonin Artaud.

JACQUES RIVIÈRE A ANTONIN ARTAUD

Le 24 mai 1924.

Cher Monsieur,

Il m'est venu une idée à laquelle j'ai résisté quelque
temps, mais qui décidément me séduit. Méditez-la
à votre tour. Je souhaite qu'elle vous plaise. Elle est
d'ailleurs encore à mettre au point.

Pourquoi ne publierions-nous pas la, ou les lettres
que vous m'avez écrites? Je viens de relire encore
celle du 29 janvier, elle est vraiment tout à fait remarquable.

Il n'y aurait qu'un tout petit effort de transposition
à faire. Je veux dire que nous donnerions au destina-
taire et au signataire des noms inventés. Peut-être
pourrais-je rédiger une réponse sur les bases de celle
que je vous ai envoyée, mais plus développée et moins
personnelle. Peut-être aussi **pourrions**-nous introduire
un fragment de vos poèmes ou de votre essai sur
Uccello? L'ensemble formerait un petit roman par
lettres qui serait assez curieux.

Donnez-moi votre avis, et en attendant croyez-moi bien vôtre.

Jacques Rivière.

25 mai 1924.

Cher Monsieur,

Pourquoi mentir, pourquoi chercher à mettre sur le plan littéraire une chose qui est le cri même de la vie, pourquoi donner des apparences de fiction à ce qui est fait de la substance indéracinable de l'âme, qui est comme la plainte de la réalité? Oui, votre idée me plaît, elle me réjouit, elle me comble, mais à condition de donner à celui qui nous lira l'impression qu'il n'assiste pas à un travail fabriqué. Nous avons le droit de mentir, mais pas sur l'essence de la chose. Je ne tiens pas à signer les lettres de mon nom. Mais il faut absolument que le lecteur pense qu'il a entre les mains les éléments d'un roman vécu. Il faudrait publier mes lettres de la première à la dernière et remonter pour cela jusqu'au mois de juin 1923. Il faut que le lecteur ait en main tous les éléments du débat.

Un homme se possède par éclaircies, et même quand il se possède, il ne s'atteint pas tout à fait. Il ne réalise pas cette cohésion constante de ses forces sans laquelle toute véritable création est impossible. Cet

38

homme cependant existe. Je veux dire qu'il a une réalité distincte et qui le met en valeur. Veut-on le condamner au néant sous le prétexte qu'il ne peut donner que des fragments de lui-même ? Vous-même ne le croyez pas et la preuve en est l'importance que vous attachez à ces fragments. J'avais depuis long-temps le projet de vous en proposer la réunion. Je n'osais pas le faire jusqu'ici et votre lettre répond à mon désir. C'est vous dire avec quelle satisfaction j'accueille l'idée que vous me proposez.

Je me rends parfaitement compte des arrêts et des saccades de mes poèmes, saccades qui touchent à l'essence même de l'inspiration et qui proviennent de mon indélébile impuissance à me concentrer sur un objet. Par faiblesse physiologique, faiblesse qui touche à la substance même de ce que l'on est convenu d'appeler l'âme et qui est l'émanation de notre force nerveuse coagulée autour des objets. Mais de cette faiblesse toute l'époque souffre. Ex. : Tristan Tzara, André Breton, Pierre Reverdy. Mais eux, leur âme n'est pas physiologiquement atteinte, elle ne l'est pas substantiellement, elle l'est dans tous les points où elle se joint avec autre chose, elle ne l'est pas *hors de la pensée;* alors d'où vient le mal, est-ce vraiment l'air de l'époque, un miracle flottant dans l'air, un prodige cosmique et méchant, ou la découverte d'un monde nouveau, un élargissement véritable de la réalité ? Il n'en reste pas moins qu'ils ne souffrent pas et que je souffre, non pas seulement dans l'esprit, mais dans la chair et dans mon âme de tous les jours. Cette inapplication à l'objet qui caractérise toute la littérature, est chez moi une inapplication à la vie. Je puis dire, moi, vraiment, que je ne suis pas au monde, et ce n'est pas une simple attitude d'esprit. Mes derniers poèmes me paraissaient manifester un sérieux progrès. Sont-ils vraiment si impubliables dans leur totalité? D'ailleurs peu importe, j'aime mieux me montrer tel que je suis, dans mon inexistence et dans mon déracinement. On en pourrait en tout cas publier des fragments importants. Je crois que la plupart des strophes prises en elles-mêmes sont bonnes. Le rassemblement seul en détruit la valeur. Vous choisirez vous-même ces fragments, vous classerez les lettres. *Ici je ne suis plus juge.* Mais ce à quoi je tiens principalement, c'est qu'une équivoque ne s'introduise pas sur la nature des phénomènes que j'invoque pour ma défense. Il faut que le lecteur croie à une véritable maladie et non à un phénomène d'époque, à une maladie qui touche à l'essence de l'être et à ses possibilités centrales d'expression, et qui s'applique à toute une vie.

Une maladie qui affecte l'âme dans sa réalité la plus profonde, et qui en infecte les manifestations. Le poison de l'être. Une véritable *paralysie.* Une maladie qui vous enlève la parole, le souvenir, qui vous déracine la pensée.

J'en ai dit assez je crois pour être compris, publiez cette dernière lettre. Je m'aperçois en terminant qu'elle pourra servir de mise au point et de conclusion au débat pour la partie qui me concerne.

Croyez, cher Monsieur, à mes sentiments de grande et affectueuse reconnaissance.

Antonin Artaud.

ANTONIN ARTAUD A JACQUES RIVIÈRE

6 juin 1924.

Cher Monsieur,

. . . .

Ma vie mentale est toute traversée de doutes mesquins et de certitudes péremptoires qui s'expriment en mots lucides et cohérents. Et mes faiblesses sont d'une contexture plus tremblante, elles sont elles-mêmes larvaires et mal formulées. Elles ont des racines vivantes, des racines d'angoisse qui touchent au cœur de la vie; mais elles ne possèdent pas le désarroi de la vie, on n'y sent pas ce souffle cosmique d'une âme ébranlée dans ses bases. Elles sont d'un esprit qui n'aurait pas pensé sa faiblesse, sinon il la traduirait en mots denses et agissants. Et voilà, Monsieur, tout le problème : avoir en soi la réalité inséparable et la clarté matérielle d'un sentiment, l'avoir au point qu'il ne se peut pas qu'il ne s'exprime, avoir une richesse de mots, de tournures apprises et qui pourraient entrer en danse, servir au jeu; et qu'au moment où l'âme s'apprête à organiser sa richesse, ses découvertes, cette révélation, à cette inconsciente minute où la chose est sur le point d'émaner, une volonté supérieure et méchante attaque l'âme comme un vitriol, attaque la masse mot-et-image, attaque la masse du sentiment, et me laisse, moi, pantelant comme à la porte même de la vie.

41

Et cette volonté, maintenant, supposez que j'en ressente physiquement le passage, qu'elle me secoue d'une électricité imprévue et soudaine, d'une électricité répétée. Supposez que chacun de mes instants pensés soit à de certains jours secoué de ces tornades profondes et que rien au dehors ne trahit. Et dites-moi si une œuvre littéraire quelconque est compatible avec de semblables états. Quel cerveau y résisterait? Quelle personnalité ne s'y dissoudrait? Si j'en avais seulement la force, je me paierais parfois le luxe de soumettre en pensée à la macération d'une douleur si pressante n'importe quel esprit en renom, n'importe quel vieux ou jeune écrivain qui produit, et dont la pensée naissante fait autorité, pour voir ce qu'il en resterait. Il ne faut pas trop se hâter de juger les hommes il faut leur faire crédit jusqu'à l'absurde, jusqu'à la lie. Ces œuvres hasardées qui vous semblent souvent le produit d'un esprit non encore en possession de lui-même, et qui ne se possédera peut-être jamais, qui sait quel cerveau elles cachent, quelle puissance de vie, quelle fièvre pensante que les circonstances seules ont réduits. Assez parlé de moi et de mes œuvres à naître, je ne demande plus qu'à sentir mon cerveau.

Antonin Artaud.

JACQUES RIVIÈRE A ANTONIN ARTAUD

Paris, le 8 juin 1924.

Cher Monsieur,

Peut-être me suis-je un peu indiscrètement substitué, avec mes idées, avec mes préjugés, à votre souffrance, à votre singularité. Peut-être ai-je bavardé, là où il eût fallu comprendre et plaindre. J'ai voulu vous rassurer, vous guérir. Cela vient sans doute de l'espèce de rage avec laquelle je réagis toujours, pour mon compte, dans le sens de la vie. Dans ma lutte pour vivre, je ne m'avouerai vaincu qu'en perdant le souffle même.

Vos dernières lettres, où le mot « âme », vient remplacer plusieurs fois le mot « esprit », éveillent en moi une sympathie plus grave encore, mais plus embarrassée, que les premières. Je sens, je touche une misère profonde et privée; je reste en suspens devant des maux que je ne puis qu'entrevoir. Mais peut-être cette attitude interdite vous apportera-t-elle plus de secours et d'encouragement que mes précédentes ratiocinations.

Et pourtant! Suis-je sans aucun moyen de comprendre vos tourments? Vous dites « qu'un homme ne se possède que par éclaircies, et même quand il se possède, il ne s'atteint pas tout à fait ». Cet homme, c'est vous; mais je peux vous dire que c'est moi aussi. Je ne connais rien qui ressemble à vos « tornades »,

43

ni à cette « volonté méchante » qui « du dehors attaque l'âme » et ses pouvoirs d'expression. Mais pour être plus générale, moins douloureuse, la sensation que j'ai parfois de mon infériorité à moi-même n'est pas moins nette.

Comme vous j'écarte, pour expliquer les alternatives par lesquelles je passe, le symbole commode de l'inspiration. Il s'agit de quelque chose de plus profond, de plus « substantiel », si j'ose détourner ce mot de son sens, qu'un bon vent qui me viendrait, ou non, du fond de l'esprit; il s'agit de degrés que je parcours dans ma propre réalité. Non pas volontairement, hélas! mais de façon purement accidentelle.

Il y a ceci de remarquable que le fait même de mon existence, comme vous le notez pour vous-même, ne fait à aucun moment pour moi l'objet d'un doute sérieux; il me reste toujours quelque chose de moi, mais c'est bien souvent quelque chose de pauvre, de malhabile, d'infirme et presque de suspect. Je ne perds pas à ces moments toute idée de ma réalité complète; mais quelquefois tout espoir de la reconquérir jamais. Elle est comme un toit au-dessus de moi qui resterait en l'air par miracle, et jusqu'auquel je ne verrais aucun moyen de me reconstruire.

Mes sentiments, mes idées — les mêmes qu'à l'habitude — passent en moi avec un petit air fantastique; ils sont tellement affaiblis, tellement hypothétiques qu'ils ont l'air de faire partie d'une pure spéculation philosophique, ils sont encore là, pourtant, mais ils me regardent comme pour me faire admirer leur absence.

Proust a décrit les « intermittences du cœur »; il

faudrait maintenant décrire les intermittences de l'être.

Évidemment il y a, à ces évanouissements de l'âme, des causes physiologiques, qu'il est souvent assez facile de déterminer. Vous parlez de l'âme « comme de la coagulation de notre force nerveuse », vous dites qu'elle peut être « physiologiquement atteinte ». Je pense comme vous qu'elle est dans une grande dépendance du système nerveux. Pourtant ses crises sont si capricieuses qu'à certains moments je comprends qu'on soit tenté d'aller chercher, comme vous faites, l'explication mystique d'une « volonté méchante », acharnée du dehors à sa diminution.

En tout cas, c'est un fait, je crois, que toute une catégorie d'hommes est sujette à des oscillations du niveau de l'être. Combien de fois, nous plaçant machinalement dans une attitude psychologique familière, n'avons-nous pas découvert brusquement qu'elle nous dépassait, ou plutôt que nous lui étions devenus subrepticement inégaux! Combien de fois notre personnage le plus habituel ne nous est-il pas apparu tout à coup factice, et même fictif, par l'absence des ressources spirituelles, ou « essentielles », qui devaient l'alimenter!

Où passe, et d'où revient notre être, que toute la psychologie jusqu'à nos jours a feint de considérer comme une constante? C'est un problème à peu près insoluble, si l'on n'a pas recours à un dogme religieux, comme celui de la Grâce, par exemple. J'admire que notre âge (je pense à Pirandello, à Proust, chez qui il est implicite) ait osé le poser en lui laissant son point d'interrogation, en se bornant à l'angoisse.

« Une âme physiologiquement atteinte. » C'est un terrible héritage. Pourtant je crois que sous un certain rapport, sous le rapport de la clairvoyance, ce peut être aussi un privilège. Elle est le seul moyen que nous ayons de nous comprendre un peu, de nous voir, tout au moins. Qui ne connaît pas la dépression, qui ne se sent jamais l'âme entamée par le corps, envahie par sa faiblesse, est incapable d'apercevoir sur l'homme aucune vérité; il faut venir en dessous, il faut regarder l'envers; il faut ne plus pouvoir bouger, ni espérer, ni croire, pour constater. Comment distinguerons-nous nos mécanismes intellectuels ou moraux, si nous n'en sommes pas temporairement privés? Ce doit être la consolation de ceux qui expérimentent ainsi à petits coups la mort qu'ils sont les seuls à savoir un peu comment la vie est faite.

Et puis « la macération d'une souffrance si pressante » empêche de s'élever en eux le ridicule nuage de la vanité. Vous m'écriviez : « J'ai pour me guérir du jugement des autres toute la distance qui me sépare de moi. » Telle est l'utilité de cette « distance » : elle « nous guérit du jugement des autres »; elle nous empêche de rien faire pour le séduire, pour nous y accommoder; elle nous conserve purs et, malgré les variations de notre réalité, elle nous assure un degré supérieur d'identité à nous-mêmes.

Bien entendu, la santé est le seul idéal admissible, le seul auquel ce que j'appelle un homme ait le droit d'aspirer; mais quand elle est donnée d'emblée dans un être, elle lui cache la moitié du monde.

Je me suis laissé aller de nouveau, malgré moi, à vous réconforter, en essayant de vous montrer combien, même en matière d'existence, l' « état normal » peut être précaire. Je souhaite de tout mon cœur que les échelons que je décrivais vous soient accessibles, aussi bien dans la direction ascensionnelle que dans l'autre. Un moment de plénitude, d'égalité à vous-même, pourquoi, après tout, vous serait-il interdit, si déjà vous avez ce courage de le désirer. Il n'y a de péril absolu que pour qui s'abandonne; il n'y a de mort complète que pour qui prend le goût de mourir.

Je vous prie de croire à ma profonde sympathie.

Jacques Rivière.

L'Ombilic des Limbes

Là où d'autres proposent des œuvres je ne prétends pas autre chose que de montrer mon esprit.

——La vie est de brûler des questions.——

Je ne conçois pas d'œuvre comme détachée de la vie.

Je n'aime pas la création détachée. Je ne conçois pas non plus l'esprit comme détaché de lui-même. Chacune de mes œuvres, chacun des plans de moi-même, chacune des floraisons glacières de mon âme intérieure bave sur moi.

Je me retrouve autant dans une lettre écrite pour expliquer le rétrécissement intime de mon être et le châtrage insensé de ma vie, que dans un essai extérieur à moi-même, et qui m'apparaît comme une grossesse indifférente de mon esprit.

Je souffre que l'Esprit ne soit pas dans la vie et que la vie ne soit pas l'Esprit, je souffre de l'Esprit-organe, de l'Esprit-traduction, ou de l'Esprit-intimidation-des-choses pour les faire entrer dans l'Esprit.

Ce livre je le mets en suspension dans la vie, je veux qu'il soit mordu par les choses extérieures, et d'abord par tous les soubresauts en cisaille, toutes les cillations *de mon moi à venir*.

Toutes ces pages traînent comme des glaçons dans l'esprit. Qu'on excuse ma liberté absolue. Je me refuse à faire de différence entre aucune des minutes de moi-même. Je ne reconnais pas dans l'esprit de plan.

Il faut en finir avec l'Esprit comme avec la littérature. Je dis que l'Esprit et la vie communiquent à tous les degrés. Je voudrais faire un Livre qui dérange les hommes, qui soit comme une porte ouverte et qui les mène où ils n'auraient jamais consenti à aller, une porte simplement abouchée avec la réalité.

Et ceci n'est pas plus une préface à un livre, que les poèmes par exemple qui le jalonnent ou le dénombrement de toutes les rages du mal-être.

Ceci n'est qu'un glaçon aussi mal avalé.

Une grande ferveur pensante et surpeuplée portait mon moi comme un abîme plein. Un vent charnel et résonnant soufflait, et le soufre même en était dense. Et des radicelles infimes peuplaient ce vent comme un réseau de veines, et leur entrecroisement fulgurait. L'espace était mesurable et crissant, mais sans forme pénétrable. Et le centre était une mosaïque d'éclats, une espèce de dur marteau cosmique, d'une lourdeur défigurée, et qui retombait sans cesse comme un front dans l'espace, mais avec un bruit comme distillé. Et l'enveloppement cotonneux du bruit avait l'instance obtuse et la pénétration d'un regard vivant. Oui, l'espace rendait son plein coton mental où nulle pensée encore n'était nette et ne restituait sa décharge d'objets. Mais, peu à peu, la masse tourna comme une nausée limoneuse et puissante, une espèce d'immense influx de sang végétal et tonnant. Et les radicelles qui tremblaient à la lisière de mon œil mental, se détachèrent avec une vitesse de vertige de la masse crispée du vent. Et tout l'espace trembla comme un sexe que le globe du ciel ardent saccageait. Et quelque chose du bec d'une colombe réelle troua la masse confuse des états, toute la pensée profonde à ce moment se stratifiait, se résolvait, devenait transparente et réduite.

Et il nous fallait maintenant une main qui devînt l'organe même du saisir. Et deux ou trois fois encore la masse entière et végétale tourna, et chaque fois, mon œil se replaçait sur une position plus précise. L'obscurité elle-même devenait profuse et sans objet. Le gel entier gagnait la clarté.

Avec moi dieu-le-chien, et sa langue
qui comme un trait perce la croûte
de la double calotte en voûte
de la terre qui le démange.

Et voici le triangle d'eau
qui marche d'un pas de punaise,
mais qui sous la punaise en braise
se retourne en coup de couteau.

Sous les seins de la terre hideuse
dieu-la-chienne s'est retirée,
des seins de terre et d'eau gelée
qui pourrissent sa langue creuse.

Et voici la vierge-au-marteau,
pour broyer les caves de terre
dont le crâne du chien stellaire
sent monter l'horrible niveau.

Docteur,

Il y a un point sur lequel j'aurais voulu insister :
c'est celui de l'importance de la chose sur laquelle
agissent vos piqûres; cette espèce de relâchement
essentiel de mon être, cet abaissement de mon étiage
mental, qui ne signifie pas comme on pourrait le
croire une diminution quelconque de ma moralité
(de mon âme morale) ou même de mon intelligence,
mais si l'on veut, de mon intellectualité utilisable,
de mes possibilités pensantes, et qui a plus à voir
avec le sentiment que j'ai moi-même de mon moi,
qu'avec ce que j'en montre aux autres.

Cette cristallisation sourde et multiforme de la
pensée, qui choisit à un *moment donné* sa forme. Il
y a une cristallisation immédiate et directe du moi
au milieu de toutes les formes possibles, de tous les
modes de la pensée.

Et maintenant, Monsieur le Docteur, que vous voilà
bien au fait de ce qui en moi peut être atteint (et
guéri par les drogues), du point litigieux de ma vie,
j'espère que vous saurez me donner la quantité de
liquides subtils, d'agents spécieux, de morphine mentale, capables d'exhausser mon abaissement, d'équi-
librer ce qui tombe, de réunir ce qui est séparé, de
recomposer ce qui est détruit.

Ma pensée vous salue.

PAUL LES OISEAUX

OU
LA PLACE DE L'AMOUR

Paolo Uccello est en train de se débattre au milieu d'un vaste tissu mental où il a perdu toutes les routes de son âme et jusqu'à la forme et à la suspension de sa réalité.

Quitte ta langue Paolo Uccello, quitte ta langue, ma langue, ma langue, merde, qui est-ce qui parle, où es-tu? Outre, outre, Esprit, Esprit, feu, langues de feu, feu, feu, mange ta langue, vieux chien, mange sa langue, mange, etc. J'arrache ma langue.

OUI.

Pendant ce temps Brunelleschi et Donatello se déchirent comme des damnés. Le point pesant et soupesé du litige est toutefois Paolo Uccello, mais qui est sur un autre plan qu'eux.

Il y a aussi Antonin Artaud. Mais un Antonin Artaud en gésine, et de l'autre côté de tous les verres mentaux, et qui fait tous ses efforts pour se penser autre part que là (chez André Masson par exemple qui a tout le physique de Paolo Uccello, un physique stratifié d'insecte ou d'idiot, et pris comme une mouche dans la peinture, dans *sa* peinture qui en est par contre-coup stratifiée).

Et d'ailleurs c'est en lui (Antonin Artaud) que Uccello se pense, mais quand il se pense il n'est véritablement plus en lui, etc., etc. Le feu où ses glaces macèrent s'est traduit en un beau tissu.

Et Paolo Uccello continue la titillante opération de cet arrachement désespéré.

Il s'agit d'un problème qui s'est posé à l'esprit d'Antonin Artaud, mais Antonin Artaud n'a pas besoin de problème, il est déjà assez emmerdé par sa propre pensée, et entre autres faits de s'être rencontré en lui-même, et découvert mauvais acteur, par exemple, hier, au cinéma, dans *Surcouf*, sans encore que cette larve de Petit Paul vienne manger sa langue en lui.

Le théâtre est bâti et pensé par lui. Il a fourré un peu partout des arcades et des plans sur lesquels tous ses personnages se démènent comme des chiens.

Il y a un plan pour Paolo Uccello, et un plan pour Brunelleschi et Donatello, et un petit plan pour Selvaggia, la femme de Paolo.

Deux, trois, dix problèmes se sont entrecroisés tout d'un coup avec les zigzags de leurs langues spirituelles et tous les déplacements planétaires de leurs plans.

Au moment où le rideau se lève, Selvaggia est en train de mourir.

Paolo Uccello entre et lui demande comment elle va. La question a le don d'exaspérer Brunelleschi qui lacère l'atmosphère uniquement mentale du drame d'un poing matériel et tendu.

BRUNELLESCHI. — Cochon, fou.

PAOLO UCCELLO, *éternuant trois fois.* — Imbécile.

Mais d'abord décrivons les personnages. Donnons-leur une forme physique, une voix, un accoutrement.

Paul les Oiseaux a une voix imperceptible, une démarche d'insecte, une robe trop grande pour lui.

Brunelleschi, lui, a une vraie voix de théâtre sonore et bien en chair. Il ressemble au Dante.

Donatello est entre les deux : saint François d'Assise avant les Stigmates.

La scène se passe sur trois plans.

Inutile de vous dire que Brunelleschi est amoureux de la femme de Paul les Oiseaux. Il lui reproche entre autres choses de la laisser mourir de faim. Est-ce qu'on meurt de faim dans l'Esprit?

Car nous sommes *uniquement* dans l'Esprit.

Le drame est sur plusieurs plans et à plusieurs faces, il consiste aussi bien dans la stupide question de savoir si Paolo Uccello finira par acquérir assez de pitié humaine pour donner à Selvaggia à manger, que de savoir lequel des trois ou quatre personnages se tiendra le plus longtemps à son plan.

Car Paolo Uccello représente l'Esprit, non pas précisément *pur*, mais *détaché*.

Donatello est l'Esprit surélevé. Il ne regarde déjà plus la terre, mais il y tient encore par les pieds.

Brunelleschi, lui, est tout à fait enraciné à la terre, et c'est terrestrement et sexuellement qu'il désire Selvaggia. Il ne pense qu'à coïter.

Paolo Uccello n'ignore pas cependant la sexualité, mais il la voit vitrée et mercurielle, et froide comme de l'éther.

Et quant à Donatello, il a fini de la regretter.

Paolo Uccello n'a rien dans sa robe. Il n'a qu'un pont à la place du cœur.

Il y a aux pieds de Selvaggia une herbe qui ne devrait pas être là.

Tout d'un coup Brunelleschi sent sa queue se gonfler, devenir énorme. Il ne peut la retenir et il s'en envole un grand oiseau blanc, comme du sperme qui se visse en tournant dans l'air.

Cher Monsieur,

Ne croyez-vous pas que ce serait maintenant le
moment d'essayer de rejoindre le Cinéma avec la
réalité intime du cerveau. Je vous communique quelques extraits d'un scénario auxquels j'aimerais beaucoup que vous fassiez accueil. Vous verrez que son
plan mental, sa conception intérieure lui donne place
dans le langage écrit. Et pour que la transition soit
moins brutale, je le fais précéder de deux essais qui
inclinent de plus en plus, — je veux dire qui, à mesure
qu'ils se développent, — se répartissent en des images
de moins en moins désintéressées.

Ce scénario est inspiré, quoique de loin, d'un livre
certainement empoisonné, usé, mais je lui sais tout
de même gré de m'avoir fait trouver des images. Et
comme je ne raconte pas une histoire mais égrène
simplement des images, on ne pourra pas m'en
vouloir de n'en proposer que des morceaux. Je tiens
d'ailleurs à votre disposition deux ou trois pages où
j'essaie d'attenter à la surréalité, de lui faire rendre son
âme, expirer son fiel merveilleux, dont on pourrait
faire précéder le tout, et que je vous enverrai, si
vous le voulez bien, prochainement.

Agréez, etc.

DESCRIPTION
D'UN ÉTAT PHYSIQUE

une sensation de brûlure acide dans les membres,

des muscles tordus et comme à vif, le sentiment d'être en verre et brisable, une peur, une rétraction devant le mouvement, et le bruit. Un désarroi inconscient de la marche, des gestes, des mouvements. Une volonté perpétuellement tendue pour les gestes les plus simples,

le renoncement au geste simple,

une fatigue renversante et centrale, une espèce de fatigue aspirante. Les mouvements à recomposer, une espèce de fatigue de mort, de la fatigue d'esprit pour une application de la tension musculaire la plus simple, le geste de prendre, de s'accrocher inconsciemment à quelque chose,

à soutenir par une volonté appliquée.

Une fatigue de commencement du monde, la sensation de son corps à porter, un sentiment de fragilité incroyable, et qui devient une brisante douleur,

un état d'engourdissement douloureux, une espèce d'engourdissement localisé à la peau, qui n'interdit aucun mouvement mais change le sentiment interne d'un membre, et donne à la simple station verticale le prix d'un effort victorieux.

Localisé probablement à la peau, mais senti comme la suppression radicale d'un membre, et ne présentant plus au cerveau que des images de membres filiformes et cotonneux, des images de membres lointains et pas à leur place. Une espèce de rupture intérieure de la correspondance de tous les nerfs.

Un vertige mouvant, une espèce d'éblouissement oblique qui accompagne tout effort, une coagulation de chaleur qui enserre toute l'étendue du crâne ou s'y découpe par morceaux, des plaques de chaleur qui se déplacent.

Une exacerbation douloureuse du crâne, une coupante pression des nerfs, la nuque acharnée à souffrir, des tempes qui se vitrifient ou se marbrent, une tête piétinée de chevaux.

Il faudrait parler maintenant de la décorporisation de la réalité, de cette espèce de rupture appliquée, on dirait, à se multiplier elle-même entre les choses et le sentiment qu'elles produisent sur notre esprit, la place qu'elles doivent prendre.

Ce classement instantané des choses dans les cellules de l'esprit, non pas tellement dans leur ordre logique, mais dans leur ordre sentimental, affectif

(qui ne se fait plus) :

les choses n'ont plus d'odeur, plus de sexe. Mais leur ordre logique aussi quelquefois est rompu à cause justement de leur manque de relent affectif. Les mots pourrissent à l'appel inconscient du cerveau, tous les mots pour n'importe quelle opération mentale, et surtout celles qui touchent aux ressorts les plus habituels, les plus actifs de l'esprit.

Un ventre fin. Un ventre de poudre ténue et comme en image. Au pied du ventre, une grenade éclatée.

La grenade déploie une circulation floconneuse qui monte comme des langues de feu, un feu froid.

La circulation prend le ventre et le retourne. Mais le ventre ne tourne pas.

Ce sont des veines de sang vineux, de sang mêlé de safran et de soufre, mais d'un soufre édulcoré d'eau.

Au-dessus du ventre sont visibles des seins. Et plus haut, et en profondeur, mais sur un autre plan de l'esprit, un soleil brûle, mais de telle sorte que l'on pense que ce soit le sein qui brûle. Et au pied de la grenade, un oiseau.

Le soleil a comme un regard. Mais un regard qui regarderait le soleil. Le regard est un cône qui se renverse sur le soleil. Et tout l'air est comme une musique figée, mais une vaste, profonde musique, bien maçonnée et secrète, et pleine de ramifications congelées.

Et tout cela, maçonné de colonnes, et d'une espèce de lavis d'architecte qui rejoint le ventre avec la réalité.

La toile est creuse et stratifiée. La peinture est bien enfermée dans la toile. Elle est comme un cercle fermé, une sorte d'abîme qui tourne, et se dédouble par le milieu. Elle est comme un esprit qui se voit et se creuse, elle est remalaxée et travaillée sans cesse par les mains crispées de l'esprit. Or, l'esprit sème son phosphore.

L'esprit est sûr. Il a bien un pied dans le monde. La grenade, le ventre, les seins, sont comme des preuves attestatoires de la réalité. Il y a un oiseau mort, il y a des frondaisons de colonnes. L'air est plein de coups de crayon, des coups de crayon comme des coups de couteau, comme des stries d'ongle magique. L'air est suffisamment retourné.

Et voici qu'il se dispose en cellules où pousse une graine d'irréalité. Les cellules se casent chacune à sa place, en éventail.

autour du ventre, en avant du soleil, au delà de l'oiseau, et autour de cette circulation d'eau soufrée.

Mais l'architecture est indifférente aux cellules, elle sustente et ne parle pas.

Chaque cellule porte un œuf où reluit quel germe? Dans chaque cellule un œuf est né tout à coup. Il y a dans chacune un fourmillement inhumain mais limpide, les stratifications d'un univers arrêté.

Chaque cellule porte bien son œuf et nous le propose; mais il importe peu à l'œuf d'être choisi ou repoussé.

Toutes les cellules ne portent pas d'œuf. Dans quelques-unes naît une spire. Et dans l'air une spire plus grosse pend, mais comme soufrée déjà ou encore de phosphore et enveloppée d'irréalité. Et cette spire a toute l'importance de la plus puissante pensée.

Le ventre évoque la chirurgie et la Morgue, le chantier, la place publique et la table d'opération. Le corps du ventre semble fait de granit, ou de marbre, ou de plâtre, mais d'un plâtre durcifié. Il y a une case pour une montagne. L'écume du ciel fait à la montagne un cerne translucide et frais. L'air autour de la montagne est sonore, pieux, légendaire, interdit. L'accès de la montagne est interdit. La montagne a bien sa place dans l'âme. Elle est l'horizon d'un quelque chose qui recule sans cesse. Elle donne la sensation de l'horizon éternel.

Et moi j'ai décrit cette peinture avec des larmes, car cette peinture me touche au cœur. J'y sens ma pensée se déployer comme dans un espace idéal, absolu, mais un espace qui aurait une forme introductible dans la réalité. J'y tombe du ciel.

Et chacune de mes fibres s'entr'ouvre et trouve sa place dans des cases déterminées. J'y remonte comme à ma source, j'y sens la place et la disposition de mon esprit. Celui qui a peint ce tableau est le plus grand peintre du monde. A André Masson, ce qui lui revient.

POÈTE NOIR

Poète noir, un sein de pucelle
te hante,
poète aigri, la vie bout
et la ville brûle,
et le ciel se résorbe en pluie,
ta plume gratte au cœur de la vie.

Forêt, forêt, des yeux fourmillent
sur les pignons multipliés;
cheveux d'orage, les poètes
enfourchent des chevaux, des chiens.

Les yeux ragent, les langues tournent
le ciel afflue dans les narines
comme un lait nourricier et bleu;
je suis suspendu à vos bouches
femmes, cœurs de vinaigre durs.

LETTRE
A MONSIEUR LE LÉGISLATEUR
DE LA LOI SUR LES STUPÉFIANTS

Monsieur le législateur,

Monsieur le législateur de la loi de 1916, agrémentée du décret de juillet 1917 sur les stupéfiants, tu es un con

Ta loi ne sert qu'à embêter la pharmacie mondiale sans profit pour l'étiage toxicomanique de la nation parce que

1º Le nombre des toxicomanes qui s'approvisionnent chez le pharmacien est infime;

2º Les vrais toxicomanes ne s'approvisionnent pas chez le pharmacien;

3º Les toxicomanes qui s'approvisionnent chez le pharmacien sont *tous* des malades;

4º Le nombre des toxicomanes malades est infime par rapport à celui des toxicomanes voluptueux;

5º Les restrictions pharmaceutiques de la drogue ne gêneront jamais les toxicomanes voluptueux et organisés;

6º Il y aura toujours des fraudeurs;

7º Il y aura toujours des toxicomanes par vice de forme, par passion;

8º Les toxicomanes malades ont sur la société un droit imprescriptible, qui est celui qu'on leur foute la paix.

C'est avant tout une question de conscience.

La loi sur les stupéfiants met entre les mains de l'inspecteur-usurpateur de la santé publique le droit de disposer de la douleur des hommes; c'est une prétention singulière de la médecine moderne que de vouloir dicter ses devoirs à la conscience de chacun. Tous les bêlements de la charte officielle sont sans pouvoir d'action contre ce fait de conscience : à savoir, que, plus encore que de la mort, je suis le maître de ma douleur. Tout homme est juge, et juge exclusif, de la quantité de douleur physique, ou encore de vacuité mentale qu'il peut honnêtement supporter.

Lucidité ou non lucidité, il y a une lucidité que nulle maladie ne m'enlèvera jamais, c'est celle qui me dicte le sentiment de ma vie physique *. Et si j'ai

---

* Je sais assez qu'il existe des troubles graves de la personnalité, et qui peuvent même aller pour la conscience jusqu'à la perte de son individualité : la conscience demeure intacte mais ne se reconnaît plus comme s'appartenant (et ne se reconnaît plus à aucun degré).

Il y a des troubles moins graves, ou pour mieux dire moins essentiels, mais beaucoup plus douloureux et plus importants pour la personne, et en quelque sorte plus *ruineux* pour la vitalité, c'est quand la conscience s'approprie, reconnaît vraiment comme lui appartenant toute une série de phénomènes de dislocation et de dissolution de ses forces au milieu desquels sa matérialité se détruit.

Et c'est à ceux-là même que je fais allusion.

Mais il s'agit justement de savoir si la vie n'est pas plus atteinte par une décorporisation de la pensée avec conservation d'une parcelle de conscience, que par la projection de cette conscience dans un indéfinissable ailleurs avec une stricte conservation de la pensée. Il ne s'agit pas cependant que cette pensée joue à faux, qu'elle déraisonne, il s'agit qu'elle se produise, qu'elle jette des

perdu ma lucidité, la médecine n'a qu'une chose à
faire, c'est de me donner les substances qui me

feux, même fous. Il s'agit qu'elle existe. Et je prétends, moi,
entre autres, que je n'ai pas de pensée.

Mais ceci fait rire mes amis.

Et cependant!

Car je n'appelle pas *avoir de la pensée*, moi, voir juste et je
dirai même *penser* juste, avoir de la pensée, pour moi, c'est *maintenir* sa pensée, être en état de se la manifester à soi-même et
qu'elle puisse répondre à toutes les circonstances du sentiment
et de la vie. Mais principalement *se répondre à soi.*

Car ici se place cet indéfinissable et trouble phénomène que
je désespère de faire entendre à personne et plus particulièrement
à mes amis (ou mieux encore, à mes ennemis, ceux qui me prennent
pour l'ombre *que je me sens si bien être ;* — et ils ne pensent pas
si bien dire, eux, ombres deux fois, à cause d'eux et à cause de
moi).

Mes amis, je ne les ai jamais vus comme moi, la langue
pendante, et l'esprit horriblement en arrêt.

Oui, ma pensée se connaît et elle désespère maintenant de
s'atteindre. Elle se connaît, je veux dire qu'elle se soupçonne ;
et en tout cas elle ne se sent plus. — Je parle de la vie physique,
de la vie substantielle de la pensée (et c'est ici d'ailleurs que je
rejoins mon sujet), je parle de ce minimum de vie pensante et à
l'état brut, — non arrivée jusqu'à la parole, mais capable au
besoin d'y arriver, — et sans lequel l'âme ne peut plus vivre, et
la vie est comme si elle n'était plus. — Ceux qui se plaignent
des insuffisances de la pensée humaine et de leur propre impuissance à se satisfaire de ce qu'ils appellent leur pensée, confondent
et mettent sur le même plan erroné des états parfaitement diffé-
renciés de la pensée et de la forme, dont le plus bas n'est plus que
parole tandis que le plus haut est encore esprit.

Si j'avais moi ce que je sais qui est ma pensée, j'eusse peut-
être écrit *l'Ombilic des Limbes*, mais je l'eusse écrit d'une tout
autre façon. On me dit que je pense parce que je n'ai pas cessé
tout à fait de penser et parce que, malgré tout, mon esprit se
maintient à un certain niveau et donne de temps en temps des
preuves de son existence, dont on ne veut pas reconnaître qu'elles
sont faibles et qu'elles manquent d'intérêt. Mais penser c'est
pour moi autre chose que n'être pas tout à fait mort, c'est se
rejoindre à tous les instants, c'est ne cesser à aucun moment de
se sentir dans son être interne, dans la masse informulée de sa vie,
dans la substance de sa réalité, c'est ne pas sentir en soi de trou
capital, d'absence vitale, c'est sentir toujours sa pensée égale à sa

permettent de recouvrer l'usage de cette lucidité.

Messieurs les dictateurs de l'école pharmaceutique de France, vous êtes des cuistres rognés : il y a une chose que vous devriez mieux mesurer; c'est que l'opium est cette imprescriptible et impérieuse substance qui permet de rentrer dans la vie de leur âme à ceux qui ont eu le malheur de l'avoir perdue.

Il y a un mal contre lequel l'opium est souverain et ce mal s'appelle l'Angoisse, dans sa forme mentale, médicale, physiologique, logique ou pharmaceutique, comme vous voudrez.

L'Angoisse qui fait les fous.

L'Angoisse qui fait les suicidés.

L'Angoisse qui fait les damnés.

L'Angoisse que la médecine ne connaît pas.

L'Angoisse que votre docteur n'entend pas.

L'Angoisse qui lèse la vie.

L'Angoisse qui pince la corde ombilicale de la vie.

Par votre loi inique vous mettez entre les mains de gens en qui je n'ai aucune espèce de confiance, cons en médecine, pharmaciens en fumier, juges en mal-façon, docteurs, sages-femmes, inspecteurs-doctoraux, le droit de disposer de mon angoisse, d'une angoisse en moi aussi fine que les aiguilles de toutes les boussoles de l'enfer.

Tremblements du corps ou de l'âme, il n'existe pas de sismographe humain qui permette à qui me regarde d'arriver à une évaluation de ma douleur plus précise, que celle, foudroyante, de mon esprit!

---

pensée, quelles que soient par ailleurs les insuffisances de la forme qu'on est capable de lui donner. Mais ma pensée à moi, en même temps qu'elle pèche par faiblesse, pèche aussi par quantité. Je pense toujours à un taux inférieur.

Toute la science hasardeuse des hommes n'est pas supérieure à la connaissance immédiate que je puis avoir de mon être. Je suis seul juge de ce qui est en moi.

Rentrez dans vos greniers, médicales punaises, et toi aussi, Monsieur le Législateur Moutonnier, ce n'est pas par amour des hommes que tu délires, c'est par tradition d'imbécillité. Ton ignorance de ce que c'est qu'un homme n'a d'égale que ta sottise à le limiter. Je te souhaite que ta loi retombe sur ton père, ta mère, ta femme, tes enfants, et toute ta postérité. Et maintenant avale ta loi.

Les poètes lèvent des mains
où tremblent de vivants vitriols,
sur les tables de ciel idole
s'arc-boute, et le sexe fin

trempe une langue de glace
dans chaque trou, dans chaque place
que le ciel laisse en avançant.

Le sol est tout conchié d'âmes
et de femmes au sexe joli
dont les cadavres tout petits
dépapillotent leurs momies.

Il y a une angoisse acide et trouble, aussi puissante qu'un couteau, et dont l'écartèlement a le poids de la terre, une angoisse en éclairs, en ponctuation de gouffres, serrés et pressés comme des punaises, comme une sorte de vermine dure et dont tous les mouvements sont figés, une angoisse où l'esprit s'étrangle et se coupe lui-même, — se tue.

Elle ne consume rien qui ne lui appartienne, elle naît de sa propre asphyxie.

Elle est une *congélation* de la moelle, une absence de feu mental, un manque de circulation de la vie.

Mais l'angoisse opiumique a une autre couleur, elle n'a pas cette pente métaphysique, cette merveilleuse imperfection d'accent. Je l'imagine pleine d'échos, et de caves, de labyrinthes, de retournements; pleine de langues de feu parlantes, d'yeux mentaux en action et du claquement d'une foudre sombre et remplie de raison.

Mais j'imagine l'âme alors bien centrée, et toutefois à l'infini divisible, et transportable comme une *chose qui est*. J'imagine l'âme sentante et qui à la fois lutte et consent, et fait tourner en tous sens ses langues, multiplie son sexe, — et se tue.

Il faut connaître le vrai néant effilé, le néant qui n'a plus d'organe. Le néant de l'opium a en lui comme la forme d'un front qui pense, qui a situé la place du trou noir.

Je parle moi de l'absence de trou, d'une sorte de souffrance froide et sans images, sans sentiment, et qui est comme un heurt indescriptible d'avortements.

LE JET DE SANG

LE JEUNE HOMME

Je t'aime et tout est beau.

LA JEUNE FILLE, *avec un tremolo intensifié dans la voix.*

Tu m'aimes et tout est beau.

LE JEUNE HOMME, *sur un ton plus bas.*

Je t'aime et tout est beau.

LA JEUNE FILLE, *sur un ton encore plus bas que lui.*

Tu m'aimes et tout est beau.

LE JEUNE HOMME, *la quittant brusquement.*

Je t'aime.

Un silence.

Mets-toi en face de moi.

LA JEUNE FILLE, *même jeu, elle se met en face de lui.*

Voilà.

76

LE JEUNE HOMME, *sur un ton exalté, suraigu.*

Je t'aime, je suis grand, je suis clair, je suis plein, je suis dense.

LA JEUNE FILLE, *sur le même ton suraigu.*

Nous nous aimons.

LE JEUNE HOMME

Nous sommes intenses. Ah que le monde est bien établi.

> *Un silence. On entend comme le bruit d'une immense roue qui tourne et dégage du vent. Un ouragan les sépare en deux.*
>
> *A ce moment, on voit deux astres qui s'entre-choquent et une série de jambes de chair vivante qui tombent avec des pieds, des mains, des chevelures, des masques, des colonnades, des portiques, des temples, des alambics, qui tombent, mais de plus en plus lentement, comme s'ils tombaient dans du vide, puis trois scorpions l'un après l'autre, et enfin une grenouille, et un scarabée qui se dépose avec une lenteur désespérante, une lenteur à vomir.*

LE JEUNE HOMME, *criant de toutes ses forces.*

Le ciel est devenu fou.

> *Il regarde le ciel.*

Sortons en courant.

> *Il pousse la jeune fille devant lui.*
>
> *Et entre un Chevalier du Moyen Age avec une armure énorme, et suivi d'une nourrice qui tient sa poitrine à deux mains, et souffle à cause de ses seins trop enflés.*

LE CHEVALIER

Laisse là tes mamelles. Donne-moi mes papiers.

LA NOURRICE, *poussant un cri suraigu.*

Ah! Ah! Ah!

LE CHEVALIER

Merde, qu'est-ce qui te prend?

LA NOURRICE

Notre fille, là, avec lui.

LE CHEVALIER

Il n'y a pas de fille, chut!

LA NOURRICE

Je te dis qu'ils se baisent.

LE CHEVALIER

Qu'est-ce que tu veux que ça me foute qu'ils se baisent.

LA NOURRICE

Inceste.

LE CHEVALIER

Matrone.

LA NOURRICE, *plongeant les mains au fond de ses poches qu'elle a aussi grosses que ses seins.*

Souteneur.

Elle lui jette rapidement ses papiers.

Phiote, laisse-moi manger.

La nourrice s'enfuit.
Alors il se relève, et de l'intérieur de chaque
papier il tire une énorme tranche de gruyère.
Tout à coup il tousse et s'étrangle.

LE CHEVALIER, *la bouche pleine.*

Ehp. Ehp. Montre-moi tes seins. Montre-moi tes
seins. Où est-elle passée?

Il sort en courant.
Le jeune homme revient.

LE JEUNE HOMME

J'ai vu, j'ai su, j'ai compris. Ici la place publique,
le prêtre, le savetier, les quatre saisons, le seuil de
l'église, la lanterne du bordel, les balances de la
justice. Je n'en puis plus!

Un prêtre, un cordonnier, un bedeau, une
maquerelle, un juge, une marchande des quatre-
saisons, arrivent sur la scène comme des ombres.

LE JEUNE HOMME

Je l'ai perdue, rendez-la-moi.

TOUS, *sur un ton différent.*

Qui, qui, qui, qui.

LE JEUNE HOMME

Ma femme.

Votre femme, psuif, farceur!

LE JEUNE HOMME

Farceur! c'est peut-être la tienne!

LE BEDEAU, *se frappant le front.*

C'est peut-être vrai.

> *Il sort en courant.*
> *Le prêtre se détache du groupe à son tour*
> *et passe son bras autour du cou du jeune homme.*

LE PRÊTRE, *comme au confessionnal.*

A quelle partie de son corps faisiez-vous le plus souvent allusion?

LE JEUNE HOMME

A Dieu.

> *Le prêtre décontenancé par la réponse prend*
> *immédiatement l'accent suisse.*

LE PRÊTRE, *avec l'accent suisse.*

Mais ça ne se fait plus. Nous ne l'entendons pas de cette oreille. Il faut demander ça aux volcans, aux tremblements de terre. Nous autres on se repaît des petites saletés des hommes dans le confessionnal. Et voilà, c'est tout, c'est la vie.

LE JEUNE HOMME, *très frappé.*

Ah voilà, c'est la vie!
Eh bien tout fout le camp.

LE PRÊTRE, *toujours avec l'accent suisse.*

Mais oui.

A cet instant la nuit se fait tout d'un coup sur la scène. La terre tremble. Le tonnerre fait rage, avec des éclairs qui zigzaguent en tous sens, et dans les zigzags des éclairs on voit tous les personnages qui se mettent à courir, et s'embarrassent les uns dans les autres, tombent à terre, se relèvent encore et courent comme des fous.

A un moment donné une main énorme saisit la chevelure de la maquerelle qui s'enflamme et grossit à vue d'œil.

UNE VOIX GIGANTESQUE

Chienne, regarde ton corps!

Le corps de la maquerelle apparaît absolument nu et hideux sous le corsage et la jupe qui deviennent comme du verre.

LA MAQUERELLE

Laisse-moi, Dieu.

Elle mord Dieu au poignet. Un immense jet de sang lacère la scène, et on voit au milieu d'un éclair plus grand que les autres le prêtre qui fait le signe de la croix.

Quand la lumière se refait, tous les personnages sont morts et leurs cadavres gisent de toutes parts sur le sol. Il n'y a que le jeune homme et la maquerelle qui se mangent des yeux.

La maquerelle tombe dans les bras du jeune homme.

LA MAQUERELLE, *dans un soupir et comme à l'extrême
pointe d'un spasme amoureux.*

Racontez-moi comment ça vous est arrivé.

*Le jeune homme se cache la tête dans les mains.
La nourrice revient portant la jeune fille sous
son bras comme un paquet. La jeune fille est
morte. Elle la laisse tomber à terre où elle s'écrase
et devient plate comme une galette.
La nourrice n'a plus de seins. Sa poitrine
est complètement plate.
A ce moment débouche le Chevalier qui se
jette sur la nourrice, et la secoue véhémentement.*

LE CHEVALIER, *d'une voix terrible.*

Où les as-tu mis? Donne-moi mon gruyère.

LA NOURRICE, *gaillardement.*

Voilà.

*Elle lève ses robes.
Le jeune homme veut courir mais il se fige
comme une marionnette pétrifiée.*

LE JEUNE HOMME, *comme suspendu en l'air et d'une
voix de ventriloque.*

Ne fais pas de mal à maman.

LE CHEVALIER

Maudite.

*Il se voile la face d'horreur.
Alors une multitude de scorpions sortent*

82

de dessous les robes de la nourrice et se met-
tent à pulluler dans son sexe qui enfle et se fend,
devient vitreux, et miroite comme un soleil.

    Le jeune homme et la maquerelle s'enfuient
comme des trépanés.

    LA JEUNE FILLE, *se relevant éblouie.*

La vierge! ah c'était ça qu'il cherchait.

Rideau.

Le Pèse-Nerfs

. . . .

J'ai senti vraiment que vous rompiez autour de moi l'atmosphère, que vous faisiez le vide pour me permettre d'avancer, pour donner la place d'un espace impossible à ce qui en moi n'était encore qu'en puissance, à toute une germination virtuelle, et qui devait naître, aspirée par la place qui s'offrait.

Je me suis mis souvent dans cet état d'absurde impossible, pour essayer de faire naître en moi de la pensée. Nous sommes quelques-uns à cette époque à avoir voulu attenter aux choses, créer en nous des espaces à la vie, des espaces qui n'étaient pas et ne semblaient pas devoir trouver place dans l'espace.

J'ai toujours été frappé de cette obstination de l'esprit à vouloir penser en dimensions et en espaces, et à se fixer sur des états arbitraires des choses pour penser, à penser en segments, en cristalloïdes, et que chaque mode de l'être reste figé sur un commencement, que la pensée ne soit pas en communication instante et ininterrompue avec les choses, mais que cette fixation et ce gel, cette espèce de mise en monuments de l'âme, se produise pour ainsi dire AVANT LA

PENSÉE. C'est évidemment la bonne condition pour créer.

Mais je suis encore plus frappé de cette inlassable, de cette météorique illusion, qui nous souffle ces architectures déterminées, circonscrites, pensées, ces segments d'âme cristallisés, comme s'ils étaient une grande page plastique et en osmose avec tout le reste de la réalité. Et la surréalité est comme un rétrécissement de l'osmose, une espèce de communication retournée. Loin que j'y voie un amoindrissement du contrôle, j'y vois au contraire un contrôle plus grand, mais un contrôle qui, au lieu d'agir se méfie, un contrôle qui empêche les rencontres de la réalité ordinaire et permet des rencontres plus subtiles et raréfiées, des rencontres amincies jusqu'à la corde, qui prend feu et ne rompt jamais.

J'imagine une âme travaillée et comme soufrée et phosphoreuse de ces rencontres, comme le seul état acceptable de la réalité.

Mais c'est je ne sais pas quelle lucidité innommable, inconnue, qui m'en donne le ton et le cri et me les fait sentir à moi-même. Je les sens à une certaine totalité insoluble, je veux dire sur le sentiment de laquelle aucun doute ne mord. Et moi, par rapport à ces remuantes rencontres, je suis dans un état de moindre secousse, je voudrais qu'on imagine un néant arrêté, une masse d'esprit enfouie quelque part, devenue virtualité.

Un acteur on le voit comme à travers des cristaux.
L'inspiration à paliers.
Il ne faut pas trop laisser passer la littérature.

Je n'ai visé qu'à l'horlogerie de l'âme, je n'ai transcrit que la douleur d'un ajustement avorté.

Je suis un abîme complet. Ceux qui me croyaient capable d'une douleur entière, d'une belle douleur, d'angoisses remplies et charnues, d'angoisses qui sont un mélange d'objets, une trituration effervescente de forces et non un point suspendu

— avec pourtant des impulsions mouvementées, déracinantes, qui viennent de la confrontation de mes forces avec ces abîmes d'absolu offert,

(de la confrontation de forces au volume puissant)

et il n'y a plus que les abîmes volumineux, l'arrêt, le froid, —

ceux donc qui m'ont attribué plus de vie, qui m'ont pensé à un degré moindre de la chute du soi, qui m'ont cru plongé dans un bruit torturé, dans une noirceur violente avec laquelle je me battais,

— sont perdus dans les ténèbres de l'homme.

En sommeil, nerfs tendus tout le long des jambes.

Le sommeil venait d'un déplacement de croyance, l'étreinte se relâchait, l'absurde me marchait sur les pieds.

Il faut que l'on comprenne que toute l'intelligence n'est qu'une vaste éventualité, et que l'on peut la perdre, non pas comme l'aliéné qui est mort, mais comme un vivant qui est dans la vie et qui en sent sur lui l'attraction et le souffle (de l'intelligence, pas de la vie).

Les titillations de l'intelligence et ce brusque renversement des parties.

Les mots à mi-chemin de l'intelligence.

Cette possibilité de penser en arrière et d'invectiver tout à coup sa pensée.

Ce dialogue dans la pensée.

L'absorption, la rupture de tout.

Et tout à coup ce filet d'eau sur un volcan, la chute mince et ralentie de l'esprit.

Se retrouver dans un état d'extrême secousse, éclaircie d'irréalité, avec dans un coin de soi-même des morceaux du monde réel.

Penser sans rupture minime, sans chausse-trape dans la pensée, sans l'un de ces escamotages subits dont mes moelles sont coutumières comme postes-émetteurs de courants.

Mes moelles parfois s'amusent à ces jeux, se plaisent à ces jeux, se plaisent à ces rapts furtifs auxquels la tête de ma pensée préside.

Il ne me faudrait qu'un seul mot parfois, un simple petit mot sans importance, pour être grand, pour parler sur le ton des prophètes, un mot témoin, un mot précis, un mot subtil, un mot bien macéré dans mes moelles, sorti de moi, qui se tiendrait à l'extrême bout de mon être,

et qui, pour tout le monde, ne serait rien.

Je suis témoin, je suis le seul témoin de moi-même. Cette écorce de mots, ces imperceptibles transformations de ma pensée à voix basse, de cette petite partie de ma pensée que je prétends qui était déjà formulée, et qui avorte,

je suis seul juge d'en mesurer la portée.

Une espèce de déperdition constante du niveau normal de la réalité.

Sous cette croûte d'os et de peau, qui est ma tête, il y a une constance d'angoisses, non comme un point moral, comme les ratiocinations d'une nature imbécilement pointilleuse, ou habitée d'un levain d'inquiétudes dans le sens de sa hauteur, mais comme une (décantation)

à l'intérieur,

comme la dépossession de ma substance vitale,

comme la perte physique et essentielle

(je veux dire perte du côté de l'essence)

d'un sens.

Un impouvoir à cristalliser inconsciemment, le point rompu de l'automatisme à quelque degré que ce soit.

Le difficile est de bien trouver sa place et de retrouver la communication avec soi. Le tout est dans une certaine floculation des choses, dans le rassemblement de toute cette pierrerie mentale autour d'un point qui est justement à trouver.

Et voilà, moi, ce que je pense de la pensée :

CERTAINEMENT L'INSPIRATION EXISTE.

Et il y a un point phosphoreux où toute la réalité se retrouve, mais changée, métamorphosée, — et par quoi ? ? — un point de magique utilisation des choses. Et je crois aux aérolithes mentaux, à des cosmogonies individuelles.

Savez-vous ce que c'est que la sensibilité suspendue, cette espèce de vitalité terrifique et scindée en deux, ce point de cohésion nécessaire auquel l'être ne se hausse plus, ce lieu menaçant, ce lieu terrassant.

Chers Amis,

Ce que vous avez pris pour mes œuvres n'était
que les déchets de moi-même, ces raclures de l'âme
que l'homme normal n'accueille pas.

Que mon mal depuis lors ait reculé ou avancé, la
question pour moi n'est pas là, elle est dans la douleur
et la sidération persistante de mon esprit.

Me voici de retour à M..., où j'ai retrouvé la sensation d'engourdissement et de vertige, ce besoin brusque et fou de sommeil, cette perte soudaine de mes
forces avec un sentiment de vaste douleur, d'abrutis-
sement instantané.

En voilà un dans l'esprit duquel aucune place ne devient dure, et qui ne sent pas tout à coup son âme à gauche, du côté du cœur. En voilà un pour qui la vie est un point, et pour qui l'âme n'a pas de tranches, ni l'esprit de commencements.

Je suis imbécile, par suppression de pensée, par mal-formation de pensée, je suis vacant par stupéfaction de ma langue.

Mal-formation, mal-agglomération d'un certain nombre de ces corpuscules vitreux, dont tu fais un usage si inconsidéré. Un usage que tu ne sais pas, auquel tu n'as jamais assisté.

Tous les termes que je choisis pour penser sont pour moi des TERMES au sens propre du mot, de véritables terminaisons, des aboutissants de mes

mentales, de tous les états que j'ai fait subir à ma pensée. Je suis vraiment LOCALISÉ par mes termes, et si je dis que je suis LOCALISÉ par mes termes, c'est que je ne les reconnais pas comme valables dans ma pensée. Je suis vraiment paralysé par mes termes, par une suite de terminaisons. Et si AILLEURS que soit en ces moments ma pensée, je ne peux que la faire passer par ces termes, si contradictoires à elle-même, si parallèles, si équivoques qu'ils puissent être, sous peine de m'arrêter à ces moments de penser.

Si l'on pouvait seulement goûter son néant, si l'on pouvait se bien reposer dans son néant, et que ce néant ne soit pas une certaine sorte d'être mais ne soit pas la mort tout à fait.

Il est si dur de ne plus exister, de ne plus être dans quelque chose. La vraie douleur est de sentir en soi se déplacer sa pensée. Mais la pensée comme un point n'est certainement pas une souffrance.

J'en suis au point où je ne touche plus à la vie, mais avec en moi tous les appétits et la titillation insistante de l'être. Je n'ai plus qu'une occupation, me refaire.

Il me manque une concordance des mots avec la minute de mes états.

« Mais c'est normal, mais à tout le monde il manque des mots, mais vous êtes trop difficile avec vous-même, mais à vous entendre il n'y paraît pas, mais vous vous exprimez parfaitement en français, mais vous attachez trop d'importance à des mots. »

Vous êtes des cons, depuis l'intelligent jusqu'au mince, depuis le perçant jusqu'à l'induré, vous êtes des cons, je veux dire que vous êtes des chiens, je veux dire que vous aboyez au dehors, que vous vous acharnez à ne pas comprendre. Je me connais, et cela me suffit, et cela doit suffire, je me connais parce que je m'assiste, j'assiste à Antonin Artaud.

— Tu te connais, mais nous te voyons, nous voyons bien ce que tu fais.

— Oui, mais vous ne voyez pas ma pensée.

A chacun des stades de ma mécanique pensante, il y a des trous, des arrêts, je ne veux pas dire, comprenez-moi bien, dans le temps, je veux dire dans une certaine sorte d'espace (je me comprends); je ne veux pas dire une pensée en longueur, une pensée en durée de pensées, je veux dire UNE pensée, une seule, et une pensée EN INTÉRIEUR; mais je ne veux pas dire une pensée de Pascal, une pensée de philosophe, je veux dire la fixation contournée, la sclérose d'un certain état. Et attrape!

Je me considère dans ma minutie. Je mets le doigt sur le point précis de la faille, du glissement inavoué. Car l'esprit est plus reptilien que vous-même, Messieurs, il se dérobe comme les serpents, il se dérobe jusqu'à attenter à nos langues, je veux dire à les laisser en suspens.

Je suis celui qui a le mieux senti le désarroi stupéfiant de sa langue dans ses relations avec la pensée. Je suis celui qui a le mieux repéré la minute de ses plus intimes, de ses plus insoupçonnables glissements. Je me perds dans ma pensée en vérité comme on rêve, comme on rentre subitement dans sa pensée. Je suis celui qui connaît les recoins de la perte.

Toute l'écriture est de la cochonnerie.

Les gens qui sortent du vague pour essayer de préciser quoi que ce soit de ce qui se passe dans leur pensée, sont des cochons.

Toute la gent littéraire est cochonne, et spécialement celle de ce temps-ci.

Tous ceux qui ont des points de repère dans l'esprit, je veux dire d'un certain côté de la tête, sur des emplacements bien localisés de leur cerveau, tous ceux qui sont maîtres de leur langue, tous ceux pour qui les mots ont un sens, tous ceux pour qui il existe des altitudes dans l'âme, et des courants dans la pensée, ceux qui sont esprit de l'époque, et qui ont nommé ces courants de pensée, je pense à leurs besognes précises, et à ce grincement d'automate que rend à tous vents leur esprit,

— sont des cochons.

Ceux pour qui certains mots ont un sens, et certaines manières d'être, ceux qui font si bien des façons, ceux pour qui les sentiments ont des classes et qui discutent sur un degré quelconque de leurs hilarantes classifications, ceux qui croient encore à des « termes », ceux qui remuent des idéologies ayant pris rang dans l'époque, ceux dont les femmes parlent si bien et ces femmes aussi qui parlent si bien et qui parlent des courants de l'époque, ceux qui croient encore à une orientation de l'esprit, ceux qui suivent des voies, qui agitent des noms, qui font crier les pages des livres,

— ceux-là sont les pires cochons.

Vous êtes bien gratuit, jeune homme!

Non, je pense à des critiques barbus.

Et je vous l'ai dit : pas d'œuvres, pas de langue, pas de parole, pas d'esprit, rien.

Rien, sinon un beau Pèse-Nerfs.

Une sorte de station incompréhensible et toute droite au milieu de tout dans l'esprit.

Et n'espérez pas que je vous nomme ce tout, en combien de parties il se divise, que je vous dise son poids, que je marche, que je me mette à discuter sur ce tout, et que, discutant, je me perde et que je me mette ainsi sans le savoir à PENSER, — et qu'il s'éclaire, qu'il vive, qu'il se pare d'une multitude de mots, tous bien frottés de sens, tous divers, et capables de bien mettre au jour toutes les attitudes, toutes les nuances d'une très sensible et pénétrante pensée.

Ah ces états qu'on ne nomme jamais, ces situations éminentes d'âme, ah ces intervalles d'esprit, ah ces minuscules ratées qui sont le pain quotidien de mes heures, ah ce peuple fourmillant de données, — ce sont toujours les mêmes mots qui me servent et vraiment je n'ai pas l'air de beaucoup bouger dans ma pensée, mais j'y bouge plus que vous en réalité, barbes d'ânes, cochons pertinents, maîtres du faux verbe, trousseurs de portraits, feuilletonnistes, rez-de-chaussée, herbagistes, entomologistes, plaie de ma langue.

Je vous l'ai dit, que je n'ai plus ma langue, ce n'est pas une raison pour que vous persistiez, pour que vous vous obstiniez dans la langue.

Allons, je serai compris dans dix ans par les gens qui feront aujourd'hui ce que vous faites. Alors on connaîtra mes geysers, on verra mes glaces, on aura appris à dénaturer mes poisons, on décélera mes jeux d'âmes.

Alors tous mes cheveux seront coulés dans la chaux, toutes mes veines mentales, alors on percevra mon bestiaire, et ma mystique sera devenue un chapeau. Alors on verra fumer les jointures des pierres, et d'arborescents bouquets d'yeux mentaux se cristalliseront en glossaires, alors on verra choir des aérolithes de pierre, alors on verra des cordes, alors on comprendra la géométrie sans espaces, et on apprendra ce que c'est que la configuration de l'esprit, et on comprendra comment j'ai perdu l'esprit.

Alors on comprendra pourquoi mon esprit n'est pas là, alors on verra toutes les langues tarir, tous les esprits se dessécher, toutes les langues se racornir, les figures humaines s'aplatiront, se dégonfleront, comme aspirées par des ventouses desséchantes, et cette lubréfiante membrane continuera à flotter dans l'air, cette membrane lubréfiante et caustique, cette membrane à deux épaisseurs, à multiples degrés, à un infini de lézardes, cette mélancolique et vitreuse membrane, mais si sensible, si pertinente elle aussi, si capable de se multiplier, de se dédoubler, de se retourner avec son miroitement de lézardes, de sens, de stupéfiants, d'irrigations pénétrantes et vireuses,

alors tout ceci sera trouvé bien,

et je n'aurai plus besoin de parler.

LETTRE DE MÉNAGE

Chacune de tes lettres renchérit sur l'incompréhension et la fermeture d'esprit des précédentes, comme toutes les femmes tu juges avec ton sexe, non avec ta pensée. Moi, me troubler devant tes raisons, tu veux rire! Mais ce qui m'exaspérait c'était, quand l'un de mes raisonnements t'avait amenée à l'évidence, de te voir, toi, te rejeter sur des raisons qui faisaient table rase de mes raisonnements.

Tous tes raisonnements et tes discussions infinies ne feront pas que tu ne saches rien de ma vie et que tu me juges sur une toute [petite] partie d'elle-même. Je ne devrais même pas avoir besoin de me justifier devant toi si seulement tu étais, toi-même, une femme raisonnable et équilibrée, mais tu es affolée par ton imagination, par une sensibilité suraiguë qui t'empêche de considérer en face la vérité. Toute discussion est impossible avec toi. Je n'ai plus qu'une chose à te dire : c'est que j'ai toujours eu ce désarroi de l'esprit, cet écrasement du corps et de l'âme, cette espèce de resserrement de tous mes nerfs, à des périodes plus ou moins rapprochées; et si tu m'avais vu il y a quelques années, avant que je puisse être même suspecté de l'usage de ce que tu me reproches, tu ne t'étonnerais plus, maintenant, de la réapparition de ces phénomènes. D'ailleurs, si tu es convaincue, si tu sens que leur retour est dû à cela, il n'y a évidemment rien à te dire, on ne lutte pas contre un sentiment.

Quoi qu'il en soit, je ne puis plus compter sur toi dans ma détresse, puisque tu refuses de te préoccuper de la partie la plus atteinte en moi : mon âme. D'ailleurs, tu ne m'as jamais jugé que sur mon apparence extérieure, comme font toutes les femmes, comme font tous les idiots, alors que c'est mon âme intérieure qui est la plus détruite, la plus ruinée; et cela je ne puis pas te le pardonner, car les deux, malheureusement pour moi, ne coïncident pas toujours. Et pour le surplus, je te défends de revenir là-dessus.

DEUXIÈME LETTRE DE MÉNAGE

J'ai besoin, à côté de moi, d'une femme simple et équilibrée, et dont l'âme inquiète et trouble ne fournirait pas sans cesse un aliment à mon désespoir. Ces derniers temps, je ne te voyais plus sans un sentiment de peur et de malaise. Je sais très bien que c'est ton amour qui te fabrique tes inquiétudes sur mon compte, mais c'est ton âme malade et anormale comme la mienne qui exaspère ces inquiétudes et te ruine le sang. Je ne veux plus vivre auprès de toi dans la crainte.

J'ajouterai à cela que j'ai besoin d'une femme qui soit uniquement à moi et que je puisse trouver chez moi à toute heure. Je suis désespéré de solitude. Je ne peux plus rentrer le soir, dans une chambre, seul, et sans aucune des facilités de la vie à portée de ma main. Il me faut un intérieur, et il me le faut tout de suite, et une femme qui s'occupe sans cesse de moi, qui suis incapable de m'occuper de rien, qui s'occupe de moi pour les plus petites choses. Une artiste comme toi a sa vie, et ne peut pas faire cela. Tout ce que je te dis est d'un égoïsme féroce, mais c'est ainsi. Il ne m'est même pas nécessaire que cette femme soit très jolie, je ne veux pas non plus qu'elle soit d'une intelligence excessive, ni surtout qu'elle réfléchisse trop. Il me suffit qu'elle soit attachée à moi.

Je pense que tu sauras apprécier la grande franchise avec laquelle je te parle et que tu me donneras la preuve d'intelligence suivante : c'est de bien pénétrer que tout ce que je te dis n'a rien à voir avec la puissante tendresse, l'indéracinable sentiment d'amour que j'ai et que j'aurai inaliénablement pour toi, mais ce sentiment n'a rien à voir lui-même avec le courant ordinaire de la vie. Et elle est à vivre, la vie. Il y a trop de choses qui m'unissent à toi pour que je te demande de rompre, je te demande seulement de changer nos rapports, de nous faire chacun une vie différente, mais qui ne nous désunira pas.

TROISIÈME LETTRE DE MÉNAGE

Depuis cinq jours, je ne vis plus à cause de toi, à cause de tes lettres stupides, de tes lettres de sexe et non d'esprit, de tes lettres remplies de réactions de sexe et non de raisonnements conscients. Je suis à bout de nerfs, à bout de raisons; au lieu de me ménager, tu m'accables, tu m'accables parce que tu n'es pas dans la vérité. Tu n'as jamais été dans la vérité, tu m'as toujours jugé avec la sensibilité de ce qu'il y a de plus bas dans la femme. Tu refuses de mordre à aucune de mes raisons. Mais moi, je n'ai plus de raisons, je n'ai pas d'excuses à te faire, je n'ai pas à discuter avec toi. Je connais ma vie et cela me suffit. Et au moment où je commence à rentrer dans ma vie, de plus en plus tu me sapes, tu recommences mes désespoirs; plus je te donne de raisons d'espérer, de prendre patience, de me supporter, plus tu t'acharnes à me ravager, à me faire perdre les bénéfices de mes conquêtes, moins tu es indulgente à mes maux. Tu ne sais rien de l'esprit, tu ne sais rien de la maladie. Tu juges tout sur des apparences extérieures. Mais moi, je connais, n'est-ce pas, mon dedans; et quand je te crie il n'y a rien en moi, rien dans ce qui fait ma personne, qui ne soit produit par l'existence d'un mal antérieur à moi-même, antérieur à ma volonté, rien dans aucune de mes plus hideuses réactions qui ne vienne uniquement de la maladie et ne lui soit, dans quelque cas que ce soit, imputable, tu en reviens à quelqu'une de tes misérables ratiocinations, tu recommences le déballage de tes mauvaises raisons qui s'attachent à des détails infimes de moi-même, qui me jugent par le petit côté. Mais quoi que j'aie pu faire de ma vie, n'est-ce pas, cela ne m'a pas empêché de repénétrer lentement dans mon être, et de m'y installer chaque jour un peu plus. Dans cet être que la maladie m'avait enlevé et que les reflux de la vie me restituent morceau par morceau. Si tu ne savais à quoi je m'étais livré pour restreindre ou supprimer les douleurs de cette séparation intolérable, tu supporterais mon déséquilibre, mes heurts, l'instabilité de mes humeurs, cet effondrement de ma personne physique, ces absences, ces écrasements. C'est parce que tu t'imagines qu'ils sont dus à l'emploi d'une substance dont l'idée seule emporte ton raisonnement que tu m'accables, que tu me menaces, que tu me jettes, moi, dans l'affolement, que tu saccages, avec tes mains de colère, la matière même de mon cerveau. Oui, tu me fais me buter contre moi-même, chacune de tes lettres partage en deux mon esprit, me jette dans des impasses insensées, me crible de désespoirs, de fureurs. Je n'en puis plus, je te crie assez. Cesse de penser avec ton sexe, absorbe enfin la vie, toute la vie, ouvre-toi à la vie, vois les choses, vois-moi, abdique, et laisse un peu que la vie m'abandonne, se fasse étale en moi, devant moi. Ne m'accable plus. Assez.

La Grille est un moment terrible pour la sensibilité, la matière.

Fragments
d'un Journal d'Enfer

à André Gaillard.

Ni mon cri ni ma fièvre ne sont de moi. Cette désin-
tégration de mes forces secondes, de ces éléments
dissimulés de la pensée et de l'âme, concevez-vous
seulement leur constance.

Ce quelque chose qui est à mi-chemin entre la
couleur de mon atmosphère typique et la pointe de
ma réalité.

Je n'ai pas tellement besoin d'aliment que d'une
sorte d'élémentaire conscience.
Ce nœud de la vie où l'émission de la pensée
s'accroche.
Un nœud d'asphyxie centrale.

Simplement me poser sur une vérité claire, c'est-à-
dire qui reste sur un seul tranchant.

Ce problème de l'émaciation de mon moi ne se
présente plus sous son angle uniquement douloureux.
Je sens que des facteurs nouveaux interviennent dans
la dénaturation de ma vie et que j'ai comme une
conscience nouvelle de mon intime déperdition.

Je vois dans le fait de jeter le dé et de me lancer dans l'affirmation d'une vérité pressentie, si aléatoire soit-elle, toute la raison de ma vie.

Je demeure, durant des heures, sur l'impression d'une idée, d'un son. Mon émotion ne se développe pas dans le temps, ne se succède pas dans le temps. Les reflux de mon âme sont en accord parfait avec l'idéalité absolue de l'esprit.

Me mettre en face de la métaphysique que je me suis faite en fonction de ce néant que je porte.

Cette douleur plantée en moi comme un coin, au centre de ma réalité la plus pure, à cet emplacement de la sensibilité où les deux mondes du corps et de l'esprit se rejoignent, je me suis appris à m'en distraire par l'effet d'une fausse suggestion.

L'espace de cette minute que dure l'illumination d'un mensonge, je me fabrique une pensée d'évasion, je me jette sur une fausse piste indiquée par mon sang. Je ferme les yeux de mon intelligence, et laissant parler en moi l'informulé, je me donne l'illusion d'un système dont les termes m'échapperaient. Mais de cette minute d'erreur il me reste le sentiment d'avoir ravi à l'inconnu quelque chose de réel. Je crois à des conjurations spontanées. Sur les routes où mon sang m'entraîne il ne se peut pas qu'un jour je ne découvre une vérité.

La paralysie me gagne et m'empêche de plus en plus de me retourner sur moi-même. Je n'ai plus de point d'appui, plus de base... je me cherche je ne sais où. Ma pensée ne peut plus aller où mon émotion et les images qui se lèvent en moi la poussent. Je me sens châtré jusque dans mes moindres impulsions. Je finis par voir le jour à travers moi-même, à force de renonciations dans tous les sens de mon intelligence et de ma sensibilité. Il faut que l'on comprenne que c'est bien l'homme vivant qui est touché en moi et que cette paralysie qui m'étouffe est au centre de ma personnalité usuelle et non de mes sens d'homme prédestiné. Je suis définitivement à côté de la vie. Mon supplice est aussi subtil, aussi raffiné qu'il est âpre. Il me faut des efforts d'imagination insensés, décuplés par l'étreinte de cette étouffante asphyxie pour arriver à *penser* mon mal. Et si je m'obstine ainsi dans cette poursuite, dans ce besoin de fixer une fois pour toutes l'état de mon étouffement...

Tu as bien tort de faire allusion à cette paralysie qui me menace. Elle me menace en effet et elle gagne de jour en jour. Elle existe déjà et comme une horrible réalité. Certes je fais encore (mais pour combien de temps?) ce que je veux de mes membres, mais voilà longtemps que je ne commande plus à mon esprit, et que mon inconscient tout entier me commande avec des impulsions qui viennent du fond de mes rages nerveuses et du tourbillonnement de mon sang. Images pressées et rapides, et qui ne prononcent à mon esprit que des mots de colère et de haine aveugle, mais qui passent comme des coups de couteau ou des éclairs dans un ciel engorgé.

Je suis stigmatisé par une mort pressante où la mort véritable est pour moi sans terreur.

Ces formes terrifiantes qui s'avancent, je sens que le désespoir qu'elles m'apportent est vivant. Il se glisse à ce nœud de la vie après lequel les routes de l'éternité s'ouvrent. C'est vraiment la séparation à jamais. Elles glissent leur couteau à ce centre où je me sens homme, elles coupent les attaches vitales qui me rejoignent au songe de ma lucide réalité.

Formes d'un désespoir capital (vraiment vital),
carrefour des séparations,
carrefour de la sensation de ma chair,
abandonné par mon corps,
abandonné de tout sentiment possible dans l'homme.
Je ne puis le comparer qu'à cet état dans lequel on se trouve au sein d'un délire dû à la fièvre, au cours d'une profonde maladie.

C'est cette antinomie entre ma facilité profonde et mon extérieure difficulté qui crée le tourment dont je meurs.

Le temps peut passer et les convulsions sociales du monde ravager les pensées des hommes, je suis sauf de toute pensée qui trempe dans les phénomènes. Qu'on me laisse à mes nuages éteints, à mon immortelle impuissance, à mes déraisonnables espoirs. Mais qu'on sache bien que je n'abdique aucune de mes erreurs. Si j'ai mal jugé, c'est la faute à ma chair, mais ces lumières que mon esprit laisse filtrer d'heure en heure, c'est ma chair dont le sang se recouvre d'éclairs.

Il me parle de Narcissisme, je lui rétorque qu'il s'agit de ma vie. J'ai le culte non pas du moi mais de la chair, dans le sens sensible du mot chair. Toutes les choses ne me touchent qu'en tant qu'elles affectent ma chair, qu'elles coïncident avec elle, et à ce point même où elles l'ébranlent, pas au delà. Rien ne me touche, ne m'intéresse que ce qui s'adresse *directement* à ma chair. Et à ce moment il me parle du Soi. Je lui rétorque que le Moi et le Soi sont deux termes distincts et à ne pas confondre, et sont très exactement les deux termes qui se balancent de l'équilibre de la chair.

Je sens sous ma pensée le terrain qui s'effrite, et j'en suis amené à envisager les termes que j'emploie sans l'appui de leur sens intime, de leur substratum personnel. Et même mieux que cela, le point par où ce substratum semble se relier à ma vie me devient tout à coup étrangement sensible, et virtuel. J'ai l'idée d'un espace imprévu et fixé, là où en temps normal tout est mouvements, communication, interférences, trajet.

Mais cet effritement qui atteint ma pensée dans ses bases, dans ses communications les plus urgentes avec l'intelligence et avec l'instinctivité de l'esprit, ne se passe pas dans le domaine d'un abstrait insensible où seules les parties hautes de l'intelligence participeraient. Plus que l'esprit qui demeure intact, hérissé de pointes, c'est le trajet nerveux de la pensée que cet effritement atteint et détourne. C'est dans les membres et le sang que cette absence et ce stationnement se font particulièrement sentir.

Un grand froid,
une atroce abstinence,
les limbes d'un cauchemar d'os et de muscles, avec
le sentiment des fonctions stomacales qui claquent
comme un drapeau dans les phosphorescences de
l'orage.

Images larvaires qui se poussent comme avec le
doigt et ne sont en relations avec aucune matière.

Je suis homme par mes mains et mes pieds, mon
ventre, mon cœur de viande, mon estomac dont les
nœuds me rejoignent à la putréfaction de la vie.

On me parle de mots, mais il ne s'agit pas de mots,
il s'agit de la durée de l'esprit.

Cette écorce de mots qui tombe, il ne faut pas
s'imaginer que l'âme n'y soit pas impliquée. A côté
de l'esprit il y a la vie, il y a l'être humain dans le
cercle duquel cet esprit tourne, relié avec lui par une
multitude de fils...

Non, tous les arrachements corporels, toutes les
diminutions de l'activité physique et cette gêne qu'il
y a à se sentir dépendant dans son corps, et ce corps
même chargé de marbre et couché sur un mauvais
bois, n'égalent pas la peine qu'il y a à être privé de
la science physique et du sens de son équilibre intérieur. Que l'âme fasse défaut à la langue ou la langue
à l'esprit, et que cette rupture trace dans les plaines
des sens comme un vaste sillon de désespoir et de
sang, voilà la grande peine qui mine non l'écorce
ou la charpente, mais l'étoffe des corps. Il y a à

perdre cette étincelle errante et dont on sent QU'ELLE ÉTAIT un abîme qui gagne avec soi toute l'étendue du monde possible, et le sentiment d'une inutilité telle qu'elle est comme le nœud de la mort. Cette inutilité est comme la couleur morale de cet abîme et de cette intense stupéfaction, et la couleur physique en est le goût d'un sang jaillissant par cascades à travers les ouvertures du cerveau.

On a beau me dire que c'est en moi ce coupe-gorge, je participe à la vie, je représente la fatalité qui m'élit et il ne se peut pas que toute la vie du monde me compte à un moment donné avec elle puisque par sa nature même elle menace le principe de la vie.

Il y a quelque chose qui est au-dessus de toute activité humaine : c'est l'exemple de ce monotone crucifiement, de ce crucifiement où l'âme n'en finit plus de se perdre.

La corde que je laisse percer de l'intelligence qui m'occupe et de l'inconscient qui m'alimente, découvre des fils de plus en plus subtils au sein de son tissu arborescent. Et c'est une vie nouvelle qui renaît, de plus en plus profonde, éloquente, enracinée.

Jamais aucune précision ne pourra être donnée par cette âme qui s'étrangle, car le tourment qui la tue, la décharne fibre à fibre, se passe au-dessous de la pensée, au-dessous d'où peut atteindre la langue, puisque c'est la liaison même de ce qui la fait et la tient spirituellement agglomérée, qui se rompt au fur et à mesure que la vie l'appelle à la constance de la clarté. Pas de clarté jamais sur cette passion, sur cette sorte de martyre cyclique et fondamental. Et cependant elle vit mais d'une durée à éclipses où le fuyant se mêle perpétuellement à l'immobile, et le confus à cette langue perçante d'une clarté sans durée. Cette malédiction est d'un haut enseignement pour les profondeurs qu'elle occupe, mais le monde n'en entendra pas la leçon.

L'émotion qu'entraîne l'éclosion d'une forme, l'adaptation de mes humeurs à la virtualité d'un discours sans durée m'est un état autrement précieux que l'assouvissement de mon activité.

C'est la pierre de touche de certains mensonges spirituels.

Cette sorte de pas en arrière que fait l'esprit en deçà de la conscience qui le fixe, pour aller chercher l'émotion de la vie. Cette émotion sise hors du point particulier où l'esprit la recherche, et qui émerge avec sa densité riche de formes et d'une fraîche coulée, cette émotion qui rend à l'esprit le son bouleversant de la matière, toute l'âme s'y coule et passe dans son feu ardent. Mais plus que le feu, ce qui ravit l'âme c'est la limpidité, la facilité, le naturel et la glaciale candeur de cette matière trop fraîche et qui souffle le chaud et le froid.

Celui-là sait ce que l'apparition de cette matière signifie et de quel souterrain massacre son éclosion est le prix. Cette matière est l'étalon d'un néant qui s'ignore.

Quand je me pense, ma pensée se cherche dans l'éther d'un nouvel espace. Je suis dans la lune comme d'autres sont à leur balcon. Je participe à la gravitation planétaire dans les failles de mon esprit.

La vie va se faire, les événements se dérouler, les conflits spirituels se résoudre, et je n'y participerai pas. Je n'ai rien à attendre ni du côté physique ni du côté moral. Pour moi c'est la douleur perpétuelle et l'ombre, la nuit de l'âme, et je n'ai pas une voix pour crier.

Dilapidez vos richesses loin de ce corps insensible à qui aucune saison ni spirituelle, ni sensuelle ne fait rien.

J'ai choisi le domaine de la douleur et de l'ombre comme d'autres celui du rayonnement et de l'entassement de la matière.

Je ne travaille pas dans l'étendue d'un domaine quelconque.

Je travaille dans l'unique durée.

L'Art et la Mort

QUI, AU SEIN...

Qui, au sein de certaines angoisses, au fond de
quelques rêves n'a connu la mort comme une sensation brisante et merveilleuse avec quoi rien ne se
peut confondre dans l'ordre de l'esprit? Il faut avoir
connu cette aspirante montée de l'angoisse dont les
ondes arrivent sur vous et vous gonflent comme mues
par un insupportable soufflet. L'angoisse qui se rapproche et s'éloigne chaque fois plus grosse, chaque
fois plus lourde et plus gorgée. C'est le corps lui-
même parvenu à la limite de sa distension et de ses
forces et qui doit quand même aller plus loin. C'est
une sorte de ventouse posée sur l'âme, dont l'âcreté
court comme un vitriol jusqu'aux bornes dernières
du sensible. Et l'âme ne possède même pas la res-
source de se briser. Car cette distension elle-même
est fausse. La mort ne se satisfait pas à si bon compte.
Cette distension dans l'ordre physique est comme
l'image renversée d'un rétrécissement qui doit occuper
l'esprit *sur toute l'étendue du corps vivant.*
Ce souffle qui se suspend est le dernier, vraiment
le dernier. Il est temps de faire ses comptes. La minute
tant crainte, tant redoutée, tant rêvée est là. Et c'est

vrai que l'on va mourir. On épie et on mesure son souffle. Et le temps immense déferle tout entier à sa limite dans une résolution où il ne peut manquer de se dissoudre sans traces.

Crève, os de chien. Et l'on sait bien que ta pensée n'est pas accomplie, terminée, et que dans quelque sens que tu te retournes tu n'as pas encore *commencé à penser.*

Peu importe. — La peur qui s'abat sur toi t'écartèle à la mesure même de l'impossible, car tu sais bien que tu dois passer de cet autre côté pour lequel rien en toi n'est prêt, pas même ce corps, et surtout ce corps que tu laisseras sans en oublier ni la matière, ni l'épaisseur, ni l'impossible asphyxie.

Et ce sera bien comme dans un mauvais rêve où tu es hors de la situation de ton corps, l'ayant traîné jusque-là quand même et lui te faisant souffrir et t'éclairant de ses assourdissantes impressions, où l'étendue est toujours plus petite ou plus grande que toi, où rien dans le sentiment que tu apportes d'une antique orientation terrestre ne peut plus être satisfait.

Et c'est bien cela, et c'est à jamais cela. Au sentiment de cette désolation et de ce malaise innommable, quel cri, digne de l'aboiement d'un chien dans un rêve, te soulève la peau, te retourne la gorge, dans l'égarement d'une noyade insensée. Non, ce n'est pas vrai. Ce n'est pas vrai.

Mais le pire, c'est que c'est vrai. Et en même temps que ce sentiment de véracité désespérante où il te semble que tu vas mourir à nouveau, que tu vas mourir pour la seconde fois (Tu te le dis, tu le prononces que tu vas mourir. Tu vas mourir : *Je vais mourir pour la seconde fois.*), voici que l'on ne sait quelle humidité d'une eau de fer ou de pierre ou de vent te rafraîchit incroyablement et te soulage la pensée, et toi-même tu coules, tu te fais en coulant à ta mort, à ton nouvel état de mort. Cette eau qui coule, c'est la mort, et du moment que tu te contemples avec paix, que tu enregistres tes sensations nouvelles, c'est que la grande identification commence. Tu étais mort et voici que de nouveau tu te retrouves vivant, — SEULEMENT CETTE FOIS TU ES SEUL.

Je viens de décrire une sensation d'angoisse et de rêve, l'angoisse glissant dans le rêve, à peu près comme j'imagine que l'agonie doit glisser et s'achever finalement dans la mort.

En tout cas, de tels rêves ne peuvent pas mentir. Ils ne mentent pas. Et ces sensations de mort mises bout à bout, cette suffocation, ce désespoir, ces assoupissements, cette désolation, ce silence, les voit-on dans la suspension agrandie d'un rêve, avec ce sentiment qu'une des faces de la réalité nouvelle est perpétuellement derrière soi?

Mais au fond de la mort ou du rêve, voici que l'angoisse reprend. Cette angoisse comme un élastique qui se retend et vous saute soudain à la gorge, elle n'est ni inconnue, ni nouvelle. La mort dans laquelle on a glissé sans s'en rendre compte, le retournement en boule du corps, cette tête — il a fallu qu'elle passe, elle qui portait la conscience et la vie et par conséquent la suffocation suprême, et par conséquent le déchirement supérieur — qu'elle passe, elle aussi, par la plus petite ouverture possible. Mais elle angoisse à la limite des pores, et cette tête qui à force de se secouer et de se retourner d'épouvante a comme l'idée, comme le sentiment qu'elle s'est boursouflée et que sa terreur a pris forme, qu'elle a bourgeonné sous la peau.

Et comme après tout ce n'est pas neuf la mort, mais au contraire trop connu, car, au bout de cette distillation de viscères, ne perçoit-on pas l'image d'une panique déjà éprouvée? La force même du désespoir restitue, semble-t-il, certaines situations de l'enfance où la mort apparaissait si claire et comme une déroute à jet continu. L'enfance connaît de brusques réveils de l'esprit, d'intenses prolongements de la pensée qu'un âge plus avancé reperd. Dans certaines peurs paniques de l'enfance, certaines terreurs grandioses et irraisonnées où le sentiment d'une menace extra-humaine couve, il est incontestable que la mort apparaît

comme le déchirement d'une membrane proche, comme le soulèvement d'un voile qui est le monde, encore informe et mal assuré.

Qui n'a le souvenir d'agrandissements inouïs, de l'ordre d'une réalité toute mentale, et qui alors ne l'étonnaient guère, qui étaient donnés, livrés vraiment à la forêt de ses sens d'enfant? Prolongements imprégnés d'une connaissance parfaite, imprégnant tout, cristallisée, éternelle.

Mais quelles étranges pensées elle souligne, de quel météore effrité elle reconstitue les atomes humains.

L'enfant voit des théories reconnaissables d'ancêtres dans lesquelles il note les origines de toutes les ressemblances connues d'homme à homme. Le monde des apparences gagne et déborde dans l'insensible, dans l'inconnu. Mais l'enténébrement de la vie arrive et désormais des états pareils ne se retrouvent plus qu'à la faveur d'une lucidité absolument anormale due par exemple aux stupéfiants.

D'où l'immense utilité des toxiques pour libérer, pour surélever l'esprit. Mensonges ou non du point de vue d'un réel dont on a vu le peu de cas qu'on pouvait en faire, le réel n'étant qu'une des faces les plus transitoires et les moins reconnaissables de l'infinie réalité, le réel s'égalant à la matière et pourrissant avec elle, les toxiques regagnent du point de vue de l'esprit leur dignité supérieure qui en fait les auxiliaires les plus proches et les plus utiles de la mort *.

* J'affirme — et je me raccroche à cette idée que la mort n'est pas hors du domaine de l'esprit, qu'elle est dans de certaines limites connaissable et approchable par une certaine sensibilité.

Tout ce qui dans l'ordre des choses écrites abandonne le domaine de la perception ordonnée et claire, tout ce qui vise à créer un renversement des apparences, à introduire un doute sur la position des images de l'esprit les unes par rapport aux autres, tout ce qui provoque la confusion sans détruire la force de la pensée jaillissante, tout ce qui renverse les rapports des choses en donnant à la pensée bouleversée un aspect encore plus grand de vérité et de violence, tout cela offre une issue à la mort, nous met en rapport avec des états plus affinés de l'esprit au sein desquels la mort s'exprime.

C'est pourquoi tous ceux qui rêvent sans regretter leurs rêves, sans emporter de ces plongées dans une inconscience féconde un sentiment d'atroce nostalgie, sont des porcs. Le rêve est vrai. Tous les rêves sont vrais. J'ai le sentiment d'aspérités, de paysages comme sculptés, de morceaux de terre ondoyants recouverts d'une sorte de sable frais, dont le sens veut dire :

« regret, déception, abandon, rupture, quand nous reverrons-nous? »

Rien qui ressemble à l'amour comme l'appel de certains paysages vus en rêve, comme l'encerclement de certaines collines, d'une sorte d'argile matérielle dont la forme est comme moulée sur la pensée.

Quand nous reverrons-nous? Quand le goût terreux de tes lèvres viendra-t-il à nouveau frôler l'anxiété de mon esprit? La terre est comme un tourbillon de lèvres mortelles. La vie creuse devant nous le gouffre de toutes les caresses qui ont manqué.

Cette mort ligotée où l'âme se secoue en vue de regagner un état enfin complet et perméable,

où tout ne soit pas heurt, acuité d'une confusion délirante et qui ratiocine sans fin sur elle-même, s'emmêlant dans les fils d'un mélange à la fois insupportable et mélodieux,

où tout ne soit pas indisposition,

où la plus petite place ne soit pas réservée sans cesse à la plus grande faim d'un espace absolu et cette fois définitif,

où sous cette pression de paroxysmes perce soudain le sentiment d'un plan neuf,

où du fond d'un mélange sans nom cette âme qui se secoue et s'ébroue sente la possibilité comme dans les rêves de s'éveiller à un monde plus clair, après avoir perforé elle ne sait plus quelle barrière, — et elle se retrouve dans une luminosité où finalement ses membres se détendent, là où les parois du monde semblent brisables à l'infini.

Elle pourrait renaître cette âme, cependant elle ne renaît pas; car bien qu'allégée elle sent qu'elle rêve encore, qu'elle ne s'est pas encore faite à cet état de rêve auquel elle ne parvient pas à s'identifier.

A cet instant de sa rêverie mortelle l'homme vivant parvenu devant la muraille d'une identification impossible retire son âme avec brutalité.

Qu'avons-nous à faire auprès de nous de cet ange qui n'a pas su se montrer? Toutes nos sensations seront-elles à jamais intellectuelles, et nos rêves n'arriveront-ils pas à prendre feu sur une âme dont l'émotion nous aidera à mourir. Qu'est-ce que cette mort où nous sommes à jamais seuls, où l'amour ne nous montre pas le chemin?

Le voici rejeté sur le plan nu des sens, dans une lumière sans bas-fonds.

Hors de la musicalité infinie des ondes nerveuses, en proie à la faim sans bornes de l'atmosphère, au froid absolu.

. . . .

LETTRE A LA VOYANTE

pour André Breton.

Madame,

Vous habitez une chambre pauvre, mêlée à la vie. C'est en vain qu'on voudrait entendre le ciel murmurer dans vos vitres. Rien, ni votre aspect, ni l'air ne vous séparent de nous, mais on ne sait quelle puérilité plus profonde que l'expérience nous pousse à taillader sans fin et à éloigner votre figure, et jusqu'aux attaches de votre vie.

L'âme déchirée et salie, vous savez que je n'assieds devant vous qu'une ombre, mais je n'ai pas peur de ce terrible savoir. Je vous sais à tous les nœuds de moi-même et beaucoup plus proche de moi que ma mère. Et je suis comme nu devant vous. Nu, impudique et nu, droit et tel qu'une apparition de moi-même, mais sans honte, car pour votre œil qui court vertigineusement dans mes fibres, le mal est vraiment sans péché.

Jamais je ne me suis trouvé si précis, si rejoint, si assuré même au delà du scrupule, au delà de toute

138

malignité qui me vînt des autres ou de moi, et aussi si perspicace. Vous ajoutiez la pointe de feu, la pointe d'étoile au fil tremblant de mon hésitation. Ni jugé, ni *me* jugeant, entier sans rien faire, intégral sans m'y efforcer; sauf la vie, c'était le bonheur. Et enfin plus de crainte que ma langue, ma grande langue trop grosse, ma langue minuscule ne fourche, j'avais à peine besoin de remuer ma pensée.

Cependant, je pénétrai chez vous sans terreur, sans l'ombre de la plus ordinaire curiosité. Et cependant vous étiez la maîtresse et l'oracle, vous auriez pu m'apparaître comme l'âme même et le Dieu de mon épouvantable destinée. Pouvoir voir et me dire! Que rien de sale ou de secret ne soit noir, que tout l'enfoui se découvre, que le refoulé s'étale enfin à ce bel œil étalé d'un juge absolument pur. De celui qui discerne et dispose mais qui ignore même qu'il vous puisse accabler.

La lumière parfaite et douce où l'on ne souffre plus de son âme, cependant infestée de mal. La lumière sans cruauté ni passion où ne se révèle plus qu'une seule atmosphère, l'atmosphère d'une pieuse et sereine, d'une précieuse fatalité. Oui, venant chez vous, Madame, je n'avais plus peur de ma mort. Mort ou vie, je ne voyais plus qu'un grand espace placide où se dissolvaient les ténèbres de mon destin. J'étais vraiment sauf, affranchi de toute misère, car même ma misère à venir m'était douce, si *par impossible* j'avais de la misère à redouter dans mon avenir.

Ma destinée ne m'était plus cette route couverte et qui ne peut plus guère recéler que le mal. J'avais vécu dans son appréhension éternelle, et *à distance*, je la sentais toute proche, et depuis toujours blottie en moi. Aucun remous violent ne bouleversait à l'avance mes fibres, j'avais déjà été trop atteint et bouleversé par le malheur. Mes fibres n'enregistraient plus qu'un immense bloc uniforme et doux. Et peu m'importait que s'ouvrissent devant moi les plus terribles portes, le terrible était déjà derrière moi. Et même mal, mon avenir prochain ne me touchait que comme une harmonieuse discorde, une suite de cimes retournées et rentrées, émoussées en moi. Vous ne pouviez m'annoncer, Madame, que l'aplanissement de ma vie.

Mais ce qui par-dessus tout me rassurait, ce n'était pas cette certitude profonde, attachée à ma chair, mais bien le sentiment de l'uniformité de toutes choses. Un magnifique absolu. J'avais sans doute appris à me rapprocher de la mort, et c'est pourquoi toutes choses, même les plus cruelles, ne m'apparaissaient plus que sous leur aspect d'équilibre, dans une parfaite indifférence de sens.

Mais il y avait encore autre chose. C'est que ce sens, indifférent quant à ses effets immédiats sur ma personne, était tout de même coloré en quelque chose de bien. Je venais à vous avec un optimisme intégral. Un optimisme qui n'était pas une pente d'esprit, mais qui venait de cette connaissance profonde de l'équilibre où toute ma vie était baignée. Ma vie à venir équilibrée par mon passé terrible, et qui s'introduisait sans cahot dans la mort. Je *savais* à l'avance ma mort comme l'achèvement d'une vie enfin plane, et plus douce que mes souvenirs les meilleurs. Et la réalité grossissait à vue d'œil, s'amplifiait jusqu'à cette souveraine connaissance où la valeur de la vie présente se démonte sous les coups de l'éternité. Il ne se pouvait plus que l'éternité ne me vengeât de ce sacrifice acharné de moi-même, et auquel, moi, je ne participais pas. Et mon avenir immédiat, mon avenir à partir de cette minute où je pénétrais pour la première fois dans votre cercle, cet avenir appartenait aussi à la mort. Et vous, votre aspect me fut dès le premier instant favorable.

L'émotion de savoir était dominée par le sentiment de la mansuétude infinie de l'existence *. Rien de mauvais pour moi ne pouvait tomber de cet œil bleu et fixe par lequel vous inspectiez mon destin.

* Je n'y peux rien. J'avais ce sentiment devant Elle. La vie était bonne parce que cette voyante était là. La présence de cette femme m'était comme un opium, plus pur, plus léger, quoique moins *solide* que l'autre. Mais beaucoup plus profond, plus vaste et ouvrant d'autres arches dans les cellules de mon esprit. Cet état actif d'échanges spirituels, cette conflagration de mondes immédiats et minuscules, cette imminence de vies infinies dont cette femme m'ouvrait la perspective, m'indiquaient enfin une issue à la vie, et une raison d'être au monde. Car on ne peut accepter la Vie qu'à condition d'être *grand*, de se sentir à l'origine des phénomènes, tout au moins d'un certain nombre d'entre eux. Sans puissance d'expansion, sans une certaine domination sur les choses, la vie est indéfendable. Une seule chose est exaltante au monde : le contact avec les puissances de l'esprit. Cependant devant cette voyante un phénomène assez paradoxal se produit. Je n'éprouve plus le besoin d'être puissant, ni vaste, la séduction qu'elle exerce sur moi est plus violente que mon orgueil, une certaine curiosité momentanément me suffit. Je suis prêt à tout abdiquer devant elle : orgueil, volonté, intelligence. Intelligence surtout. Cette intelligence qui est toute ma fierté. Je ne parle pas bien entendu d'une certaine agilité logique de l'esprit, du pouvoir de penser vite et de créer de rapides schémas sur les marges de la mémoire. Je parle d'une pénétration souvent à longue échéance, qui n'a pas besoin de se matérialiser pour se satisfaire et qui indique des vues profondes de l'esprit. C'est sur la foi de cette pénétration au pied-bot et le plus souvent sans matière (et que *moi-même* je ne possède pas), que j'ai toujours demandé que l'on me fasse crédit, dût-on me faire crédit cent ans et se contenter le reste du temps de silence. Je sais dans quelles limbes retrouver cette femme. Je creuse un problème qui me rapproche de l'or, de toute matière subtile, un problème abstrait comme la douleur qui n'a pas de forme et qui tremble et se volatilise au contact des os.

Toute la vie me devenait ce bienheureux paysage où les rêves qui tournent se présentent à nous avec la face de notre moi. L'idée de la connaissance absolue se confondait avec l'idée de la similitude absolue de la vie et de ma conscience. Et je tirais de cette double similitude le sentiment d'une naissance toute proche, où vous étiez la mère indulgente et bonne, quoique divergente de mon destin. Rien ne m'apparaissait plus mystérieux, dans le fait de cette voyance anormale, où les gestes de mon existence passée et future se peignaient à vous avec leurs sens gros d'avertissements et de rapports. Je sentais mon esprit entré en communication avec le vôtre quant à la *figure* de ces avertissements.

Mais vous, enfin, Madame, qu'est-ce donc que cette vermine de feu qui se glisse tout à coup en vous, et par l'artifice de quelle inimaginable atmosphère? car enfin vous *voyez*, et cependant le même espace étalé nous entoure.

L'horrible, Madame, est dans l'immobilité de ces murs, de ces choses, dans la familiarité des meubles qui vous entourent, des accessoires de votre divination, dans l'indifférence tranquille de la vie à laquelle vous participez comme moi.

Et vos vêtements, Madame, ces vêtements qui touchent *une personne qui voit*. Votre chair, toutes vos fonctions enfin. Je ne puis pas me faire à cette idée que vous soyez soumise aux conditions de l'Espace, du Temps, que les nécessités corporelles vous pèsent. Vous devez être beaucoup trop légère pour l'espace.

Et, d'autre part, vous m'apparaissiez si jolie, et d'une grâce tellement humaine, tellement de tous les jours. Jolie comme n'importe laquelle de ces femmes dont j'attends le pain et le spasme, et qu'elles me haussent vers un seuil corporel.

Aux yeux de mon esprit, vous êtes sans limites et sans bords, absolument, profondément incompréhensible. Car comment vous accommodez-vous de la vie, vous qui avez le don de la vue toute proche? Et cette longue route toute unie où votre âme comme un balancier se promène, et où moi, je lirais si bien l'avenir de ma mort.

Oui, il y a encore des hommes qui connaissent la distance d'un sentiment à un autre, qui savent créer des étages et des haltes à leurs désirs, qui savent s'éloigner de leurs désirs et de leur âme, pour y rentrer ensuite faussement en vainqueurs. Et il y a ces penseurs qui encerclent péniblement leurs pensées, qui introduisent des faux-semblants dans leurs rêves, ces savants qui déterrent des lois avec de sinistres pirouettes!

Mais vous, honnie, méprisée, planante, vous mettez le feu à la vie. Et voici que la roue du Temps d'un seul coup s'enflamme à force de faire grincer les cieux.

Vous me prenez tout petit, balayé, rejeté, et tout aussi désespéré que vous-même, et vous me haussez, vous me retirez de ce lieu, de cet espace faux où vous ne daignez même plus faire le geste de vivre, puisque déjà vous avez atteint la membrane de votre repos. Et cet œil, ce regard sur moi-même, cet unique regard désolé qui est toute mon existence, vous le magnifiez et le faites se retourner sur lui-même, et voici qu'un bourgeonnement lumineux fait de délices sans ombres, me ravive comme un vin mystérieux.

HÉLOÏSE ET ABÉLARD

La vie devant lui se faisait petite. Des places entières de son cerveau pourrissaient. Le phénomène était connu, mais enfin il n'était pas simple. Abélard ne donnait pas son état comme une découverte, mais enfin il écrivait :

Cher ami,

Je suis géant. Je n'y peux rien, si je suis un sommet où les plus hautes mâtures prennent des seins en guise de voiles, pendant que les femmes sentent leurs sexes devenir durs comme des galets. Je ne puis m'empêcher, pour ma part, de sentir tous ces œufs rouler et tanguer sous les robes au hasard de l'heure et de l'esprit. La vie va et vient et pousse petite à travers le pavage des seins. D'une minute à l'autre la face du monde est changée. Autour des doigts s'enroulent les âmes avec leurs craquelures de micas, et entre les micas Abélard passe, car au-dessus de tout est l'érosion de l'esprit.

Toutes les bouches de mâle mort rient au hasard de leurs dents, dans l'arcature de leur dentition vierge ou bardée de faim et lamée d'ordures, comme l'armature de l'esprit d'Abélard.

Mais ici Abélard se tait. Seul l'œsophage maintenant marche en lui. Non pas, certes, l'appétit du canal vertical, avec sa passion de famine, mais le bel arbre d'argent droit avec ses ramifications de veinules faites pour l'air, avec autour des feuillages d'oiseaux. Bref, la vie strictement végétale et froissée où les jambes vont de leur pas mécanique, et les pensées comme de hauts voiliers repliés. Le passage des corps.

L'esprit momifié se déchaîne. La vie haut bandée lève la tête. Sera-ce enfin le grand dégel? L'oiseau crèvera-t-il l'embouchure des langues, les seins vont-ils se ramifier et la petite bouche reprendre sa place? L'arbre à graines percera-t-il le granit ossifié de la main? Oui, dans ma main il y a une rose, voici que ma langue tourne sans rien. Oh, oh, oh! que ma pensée est légère. J'ai l'esprit mince comme une main.

Mais c'est qu'Héloïse aussi a des jambes. Le plus beau c'est qu'elle ait des jambes. Elle a aussi cette chose en sextant de marine, autour de laquelle toute magie tourne et broute, cette chose comme un glaive couché.

Mais par-dessus tout, Héloïse a un cœur. Un beau cœur droit et tout en branches, tendu, figé, grenu, tressé par moi, jouissance profuse, catalepsie de ma joie!

Elle a des mains qui entourent les livres de leurs cartilages de miel. Elle a des seins en viande crue, si petite, dont la pression donne la folie; elle a des seins en dédales de fil. Elle a une pensée toute à moi, une pensée insinuante et retorse qui se déroule comme d'un cocon. Elle a une âme.

Dans sa pensée, je suis l'aiguille qui court et c'est son âme qui accepte l'aiguille et l'admet, et je suis mieux, moi, dans mon aiguille que tous les autres dans leur lit, car dans mon lit je roule la pensée et l'aiguille dans les sinuosités de son cocon endormi.

Car c'est à elle toujours que j'en reviens à travers le fil de cet amour sans limites, de cet amour universellement répandu. Et il pousse dans mes mains des cratères, il y pousse des dédales de seins, il y pousse des amours explosives que ma vie gagne sur mon sommeil.

Mais par quelles transes, par quels sursauts, par quels glissements successifs en arrive-t-il à cette idée de la jouissance de son esprit. Le fait est qu'il jouit en ce moment de son esprit, Abélard. Il en jouit à plein. Il ne se pense plus ni à droite ni à gauche. Il est là. Tout ce qui se passe en lui est à lui. Et en lui, en ce moment, il se passe des choses. Des choses qui le dispensent de se rechercher. C'est là le grand point. Il n'a plus à stabiliser ses atomes. Ils se rejoignent d'eux-mêmes, ils se stratifient en un point. Tout son esprit se réduit en une suite de montées et de descentes, mais d'une descente toujours au milieu. Il a des choses.

Ses pensées sont de belles feuilles, de planes surfaces, des successions de noyaux, des agglomérations de contacts entre lesquels son intelligence se glisse sans effort : elle va. Car c'est cela l'intelligence : se contourner. La question ne se pose plus d'être fin ou mince

146

et de se rejoindre de loin, d'embrasser, de rejeter, de disjoindre.

Il se glisse entre ses états.

Il vit. Et les choses en lui tournent comme des grains dans le van.

La question de l'amour se fait simple.

Qu'importe qu'il soit moins ou plus, puisqu'il peut s'agiter, se glisser, évoluer, se retrouver et surnager.

Il a retrouvé le jeu de l'amour.

Mais que de livres entre sa pensée et le rêve!

Que de pertes. Et pendant ce temps, que faisait-il de son cœur? C'est étonnant qu'il lui en reste, du cœur.

Il est bien là. Il est là comme une médaille vivante, comme un arbuste ossifié de métal.

Le voilà bien, le nœud principal.

Héloïse, elle, a une robe, elle est belle de face et de fond.

Alors, il se sent l'exaltation des racines, l'exaltation massive, terrestre, et son pied sur le bloc de la terre tournante se sent la masse du firmament.

Et il crie, Abélard, devenu comme un mort, et sentant craquer et se vitrifier son squelette, Abélard, à la pointe vibrante et à la cime de son effort :

« C'est ici qu'on vend Dieu, à moi maintenant la plaine des sexes, les galets de chair. Pas de pardon, je ne demande pas de pardon. Votre Dieu n'est plus qu'un plomb froid, fumier des membres, lupanar des yeux, vierge du ventre, laiterie du ciel! »

Alors la laiterie céleste s'exalte. La nausée lui vient.

Sa chair en lui tourne son limon plein d'écailles,

il se sent les poils durs, le ventre barré, il sent sa queue qui devient liquide. La nuit se dresse semée d'aiguilles et voici que d'un coup de cisailles ILS lui extirpent sa virilité.

Et là-bas, Héloïse replie sa robe et se met toute nue. Son crâne est blanc et laiteux, ses seins louches, ses jambes grêles, ses dents font un bruit de papier. Elle est bête. Et voilà bien l'épouse d'Abélard le châtré.

LE CLAIR ABÉLARD

L'armature murmurante du ciel trace sur la vitre de son esprit toujours les mêmes signes amoureux, les mêmes cordiales correspondances qui pourraient peut-être le sauver d'être homme s'il consentait à se sauver de l'amour.

Il faut qu'il cède. Il ne se tiendra plus. Il cède. Ce bouillonnement mélodique le presse. Son sexe bat : un vent tourmentant murmure, dont le bruit est plus haut que le ciel. Le fleuve roule des cadavres de femmes. Sont-ce Ophélie, Béatrice, Laure? Non, encre, non, vent, non, roseaux, berges, rives, écume, flocons. Il n'y a plus d'écluse. De son désir Abélard s'est fait une écluse. Au confluent de l'atroce et mélodique poussée. C'est Héloïse roulée, emportée, à lui, — ET QUI LE VEUT BIEN.

Voici sur le ciel la main d'Érasme qui sème un sénevé de folie. Ah! la curieuse levée. Le mouvement de l'Ourse fixe le temps dans le ciel, fixe le ciel dans le Temps, de ce côté inverti du monde où le ciel propose sa face. Immense renivellement.

C'est parce que le ciel a une face qu'Abélard a un cœur où tant d'astres souverainement germent, et poussent sa queue. Au bout de la métaphysique est cet amour tout pavé de chair, tout brûlant de pierres, né dans le ciel après tant et tant de tours d'un sénevé de folie.

Mais Abélard chasse le ciel comme des mouches bleues. Étrange déroute. Par où disparaître? Dieu! vite, un trou d'aiguille. Le plus mince trou d'aiguille par lequel Abélard ne pourra plus venir nous chercher.

Il fait étrangement beau. Car il ne peut plus maintenant que faire beau. A partir d'aujourd'hui, Abélard n'est plus chaste. La chaîne étroite des livres s'est brisée. Il renonce au coït chaste et *permis* de Dieu.

Quelle douce chose que le coït! Même humain, même en profitant du corps de la femme, quelle volupté séraphique et proche! Le ciel à portée de la terre, moins beau que la terre. Un paradis encastré dans ses ongles.

Mais que l'appel des éclairages sidéraux, même monté au plus haut de la tour, ne vaut pas l'espace d'une cuisse de femme. N'est-ce pas Abélard le prêtre pour qui l'amour est si clair?

Que le coït est clair, que le péché est clair. Si clair. Quels germes, comme ces fleurs sont douces au sexe pâmé, comme les têtes du plaisir sont voraces, comme à l'extrême bout de la jouissance le plaisir répand ses pavots. Ses pavots de sons, ses pavots de jour et de musique, à tire-d'aile, comme un arrachement magnétique d'oiseaux. Le plaisir fait une tranchante et mystique musique sur le tranchant d'un rêve effilé. Oh! ce rêve dans lequel l'amour consent à rouvrir ses yeux! Oui, Héloïse, c'est en toi que je marche avec toute ma philosophie, en toi j'abandonne les

150

ornements, et je te donne à la place les hommes dont l'esprit tremble et miroite en toi. — Que l'Esprit s'admire, puisque la Femme enfin admire Abélard. Laisse jaillir cette écume aux profondes et radieuses parois. Les arbres. La végétation d'Attila.

Il l'a. Il la possède. Elle l'étouffe. Et chaque page ouvre son archet et s'avance. Ce livre, où l'on retourne la page des cerveaux.

Abélard s'est coupé les mains. A cet atroce baiser de papier, quelle symphonie est désormais égale. Héloïse mange du feu. Ouvre une porte. Monte un escalier. On sonne. Les seins écrasés et doux se soulèvent. Sa peau est beaucoup plus claire sur les seins. Le corps est blanc, mais terni, car aucun ventre de femme n'est pur. Les peaux ont la couleur du moisi. Le ventre sent bon, mais combien pauvre. Et tant de générations rêvent à celui-là. Il est là. Abélard en tant qu'homme le tient. Ventre illustre. C'est cela et ce n'est pas cela. Mange la paille, le feu. Le baiser ouvre ses cavernes où vient mourir la mer. Le voilà ce spasme où concourt le ciel, vers lequel une coalition spirituelle déferle, ET IL VIENT DE MOI. Ah! comme je ne me sens plus que des viscères, sans au-dessus de moi le pont de l'esprit. Sans tant de sens magiques, tant de secrets surajoutés. Elle et moi. Nous sommes bien là. Je la tiens. Je l'embrasse. Une dernière pression me retient, me congèle. Je sens entre mes cuisses l'Église m'arrêter, se plaindre, me paralysera-t-elle? Vais-je me retirer? Non, non, j'écarte la dernière muraille. Saint François d'Assise, qui me gardait le sexe, s'écarte. Sainte Brigitte m'ouvre les dents. Saint Augustin me délie la ceinture. Sainte Catherine de Sienne endort Dieu. C'est fini, c'est bien fini, je ne suis plus vierge. La muraille céleste s'est retournée. L'universelle folie me gagne. J'escalade ma jouissance au sommet le plus haut de l'éther.

Mais voici que sainte Héloïse l'entend. Plus tard, infiniment plus tard, elle l'entend et lui parle. Une sorte de nuit lui remplit les dents. Entre en mugissant dans les cavernes de son crâne. Elle entr'ouvre le couvercle de son sépulcre avec sa main aux osselets de fourmi. On croirait entendre une bique dans un rêve. Elle tremble, mais lui tremble beaucoup plus qu'elle. Pauvre homme! Pauvre Antonin Artaud! C'est bien lui cet impuissant qui escalade les astres, qui s'essaie à confronter sa faiblesse avec les points cardinaux des éléments, qui, de chacune des faces subtile ou solidifiée de la nature, s'efforce de composer une pensée qui se tienne, une image qui tienne debout. S'il pouvait créer autant d'éléments, fournir au moins une métaphysique de désastres, le début serait l'écroulement!

Héloïse regrette de n'avoir pas eu à la place de son ventre une muraille comme celle sur laquelle elle s'appuyait quand Abélard la pressait d'un dard obscène. Pour Artaud la privation est le commencement de cette mort qu'il désire. Mais quelle belle image qu'un châtré!

UCCELLO LE POIL

pour Génica.

Uccello, mon ami, ma chimère, tu vécus avec ce mythe de poils. L'ombre de cette grande main lunaire où tu imprimes les chimères de ton cerveau, n'arrivera jamais jusqu'à la végétation de ton oreille, qui tourne et fourmille à gauche avec tous les vents de ton cœur. A gauche les poils, Uccello, à gauche les rêves, à gauche les ongles, à gauche le cœur. C'est à gauche que toutes les ombres s'ouvrent, des nefs, comme d'orifices humains. La tête couchée sur cette table où l'humanité tout entière chavire, que vois-tu autre chose que l'ombre immense d'un poil. D'un poil comme deux forêts, comme trois ongles, comme un herbage de cils, comme d'un râteau dans les herbes du ciel. Étranglé le monde, et suspendu, et éternellement vacillant sur les plaines de cette table plate où tu inclines ta tête lourde. Et auprès de toi quand tu interroges des faces, que vois-tu, qu'une circulation de rameaux, un treillage de veines, la trace minuscule d'une ride, le ramage d'une mer de cheveux. Tout est tournant, tout est vibratile, et que vaut l'œil dépouillé de ses cils. Lave, lave les cils, Uccello, lave les lignes, lave la trace tremblante des poils et des rides sur ces visages pendus de morts qui te regardent comme des œufs, et dans ta paume monstrueuse et pleine de lune comme d'un éclairage de fiel, voici encore la trace auguste de tes poils qui émergent avec leurs lignes fines comme les rêves dans ton cerveau de noyé. D'un poil à un autre, combien de secrets et combien de surfaces. Mais deux poils l'un à côté de l'autre, Uccello. La ligne idéale des poils intraduisiblement fine et deux fois répétée. Il y a des rides qui font le tour des faces et se prolongent jusque dans le cou, mais sous les cheveux aussi il y a des rides, Uccello. Aussi tu peux faire tout le tour de cet œuf qui pend entre les pierres et les astres, et qui seul possède l'animation double des yeux.

Quand tu peignais tes deux amis et toi-même dans une toile bien appliquée, tu laissas sur la toile comme l'ombre d'un étrange coton, en quoi je discerne tes regrets et ta peine, Paolo Uccello, mal illuminé. Les rides, Paolo Uccello, sont des lacets, mais les cheveux sont des langues. Dans un de tes tableaux, Paolo Uccello, j'ai vu la lumière d'une langue dans l'ombre phosphoreuse des dents. C'est par la langue que tu rejoins l'expression vivante dans les toiles inanimées. Et c'est par là que je vis, Uccello tout emmaillotté dans ta barbe, que tu m'avais à l'avance compris et défini. Bienheureux sois-tu, toi qui as eu la préoccupation rocheuse et terrienne de la profondeur. Tu vécus dans cette idée comme dans un poison animé. Et dans les cercles de cette idée tu tournes éternellement et je te pourchasse à tâtons avec comme fil la lumière de cette langue qui m'appelle du fond d'une bouche miraculée. La préoccupation terrienne et rocheuse de la profondeur, moi qui manque de terre à tous les degrés. Présumas-tu vraiment ma descente dans ce bas monde avec la bouche ouverte et l'esprit perpétuellement étonné. Présumas-tu ces cris dans tous les sens du monde et de la langue, comme d'un fil éperdument dévidé. La longue patience des rides est ce qui te sauva d'une mort prématurée. Car, je le sais, tu étais né avec l'esprit aussi creux que moi-même, mais cet esprit, tu pus le fixer sur moins de chose encore que la trace et la naissance d'un cil. Avec la distance d'un poil, tu te balances sur un abîme redoutable et dont tu es cependant à jamais séparé.

Mais je bénis aussi, Uccello, petit garçon, petit oiseau, petite lumière déchirée, je bénis ton silence si bien planté. A part ces lignes que tu pousses de la tête comme une frondaison de messages, il ne reste de toi que le silence et le secret de ta robe fermée. Deux ou trois signes dans l'air, quel est l'homme qui prétend vivre plus que ces trois signes, et auquel, le long des heures qui le couvrent, songerait-on à demander plus que le silence qui les précède ou qui les suit. Je sens toutes les pierres du monde et le phosphore de l'étendue que mon passage entraîne, faire leur chemin à travers moi. Ils forment les mots d'une syllabe noire dans les pacages de mon cerveau. Toi, Uccello, tu apprends à n'être qu'une ligne et l'étage élevé d'un secret.

L'ENCLUME DES FORCES

Ce flux, cette nausée, ces lanières, c'est dans *ceci* que commence le Feu. Le feu de langues. Le feu tissé en torsades de langues, dans le miroitement de la terre qui s'ouvre comme un ventre en gésine, aux entrailles de miel et de sucre. De toute sa blessure obscène il bâille ce ventre mou, mais le feu bâille par-dessus en langues tordues et ardentes qui portent à leur pointe des soupiraux comme de la soif. Ce feu tordu comme des nuages dans l'eau limpide, avec à côté la lumière qui trace une règle et des cils. Et la terre de toutes parts entr'ouverte et montrant d'arides secrets. Des secrets comme des surfaces. La terre et ses nerfs, et ses préhistoriques solitudes, la terre aux géologies primitives, où se découvrent des pans du monde dans une ombre noire comme le charbon. — La terre est mère sous la glace du feu. Voyez le feu dans les Trois Rayons, avec le couronnement de sa crinière où grouillent des yeux. Myriades de myriapodes d'yeux. Le centre ardent et convulsé de ce feu est comme la pointe écartelée du tonnerre à la cime du firmament. Le centre blanc des convulsions. Un absolu d'éclat dans l'échauffourée

156

de la force. La pointe épouvantable de la force qui se brise dans un tintamarre tout bleu.

Les Trois Rayons font un éventail dont les branches tombent à pic et convergent vers le même centre. Ce centre est un disque laiteux recouvert d'une spirale d'éclipses.

L'ombre de l'éclipse fait un mur sur les zigzags de la haute maçonnerie céleste.

Mais au-dessus du ciel est le Double-Cheval. L'évocation du Cheval trempe dans la lumière de la force, sur un fond de mur élimé et pressé jusqu'à la corde. La corde de son double poitrail. Et en lui le premier des deux est beaucoup plus étrange que l'autre. C'est lui qui ramasse l'éclat dont le deuxième n'est que l'ombre lourde.

Plus bas encore que l'ombre du mur, la tête et le poitrail du cheval font une ombre, comme si toute l'eau du monde élevait l'orifice d'un puits.

L'éventail ouvert domine une pyramide de cimes, un immense concert de sommets. Une idée de désert plane sur ces sommets au-dessus desquels un astre échevelé flotte, horriblement, inexplicablement suspendu. Suspendu comme le bien dans l'homme, ou le mal dans le commerce d'homme à homme, ou la mort dans la vie. Force giratoire des astres.

Mais derrière cette vision d'absolu, ce système de plantes, d'étoiles, de terrains tranchés jusqu'à l'os, derrière cette ardente floculation de germes, cette géométrie de recherches, ce système giratoire de sommets, derrière ce soc planté dans l'esprit et cet esprit qui dégage ses fibres, découvre ses sédiments, derrière cette main d'homme enfin qui imprime son pouce dur et dessine ses tâtonnements, derrière ce mélange de manipulations et de cervelle, et ces puits dans tous les sens de l'âme, et ces cavernes dans la réalité,

se dresse la Ville aux murailles bardées, la Ville immensément haute, et qui n'a pas trop de tout le ciel pour lui faire un plafond où des plantes poussent en sens inverse et avec une vitesse d'astres jetés.

Cette ville de cavernes et de murs qui projette sur l'abîme absolu des arches pleines et des caves comme des ponts.

Que l'on voudrait dans le creux de ces arches, dans l'arcature de ces ponts insérer le creux d'une épaule démesurément grande, d'une épaule où diverge le sang. Et placer son corps en repos et sa tête où fourmillent les rêves, sur le rebord de ces corniches géantes où s'étage le firmament.

Car un ciel de Bible est dessus où courent des nuages blancs. Mais les menaces douces de ces nuages. Mais les orages. Et ce Sinaï dont ils laissent percer les flammèches. Mais l'ombre portée de la terre, et l'éclairage assourdi et crayeux. Mais cette ombre en forme de chèvre enfin et ce bouc! Et le Sabbat des Constellations.

Un cri pour ramasser tout cela et une langue pour m'y pendre.

Tous ces reflux commencent à moi.

Montrez-moi l'insertion de la terre, la charnière de mon esprit, le commencement affreux de mes ongles. Un bloc, un immense bloc faux me sépare de mon mensonge. Et ce bloc est de la couleur qu'on voudra.

Le monde y bave comme la mer rocheuse, et moi avec les reflux de l'amour.

Chiens, avez-vous fini de rouler vos galets sur mon âme. Moi. Moi. Tournez la page des gravats. Moi aussi j'espère le gravier céleste et la plage qui n'a plus de bords. Il faut que ce feu commence à moi. Ce feu et ces langues, et les cavernes de ma gestation. Que les blocs de glace reviennent s'échouer sous mes dents. J'ai le crâne épais, mais l'âme lisse, un cœur de matière échouée. J'ai absence de météores, absence de soufflets enflammés. Je cherche dans mon gosier des noms, et comme le cil vibratile des choses. L'odeur du néant, un relent d'absurde, le fumier de la mort entière... L'humour léger et raréfié. Moi aussi je n'attends que le vent. Qu'il s'appelle amour ou misère, il ne pourra guère m'échouer que sur une plage d'ossements.

L'AUTOMATE PERSONNEL

à Jean de Bosschère.

Il dit me voir dans une grande préoccupation du sexe. Mais d'un sexe tendu et soufflé comme un objet. Un objet de métal et de lave bouillante, plein de radicelles, de rameaux que l'air prend.

L'étonnante tranquillité du sexe que tant de ferrailles remplissent. Tous ces fers qui ramassent l'air en tous sens.

Et au-dessus une ardente poussée, un herbage noueux et mince qui prend racine en cet âcre terreau. Et il pousse avec une gravité de fourmi, une frondaison de fourmilière qui creuse toujours plus avant dans le sol. Il pousse et il creuse ce feuillage si atrocement noir, et à mesure qu'il creuse on dirait que le sol s'éloigne, que le centre idéal de tout se ramasse autour d'un point de plus en plus mince.

Mais tout ce tremblement dans un corps étalé avec tous ses organes, les jambes, les bras jouant avec leur agencement d'automate, et à l'entour les rotondités de la croupe qui cerne le sexe bien fixé. Vers ces organes dont la sexualité s'accroît, sur lesquels la sexualité éternelle gagne, se dirige une volée de flèches lancées d'en dehors du tableau. Comme dans les ramages de mon esprit, il y a cette barrière d'un corps et d'un sexe qui est là, comme une page arrachée, comme un lambeau déraciné de chair, comme l'ouverture d'un éclair et de la foudre sur les parois lisses du firmament.

Mais ailleurs il y a cette femme vue de dos qui représente assez bien la silhouette conventionnelle de la sorcière.

Mais son *poids* est en dehors des conventions et des formules. Elle se déploie comme une sorte d'oiseau sauvage dans des ténèbres qu'elle ramasse autour d'elle, et dont elle se fait une sorte d'épais manteau.

L'ondoiement même du manteau est un signe si fort que sa simple palpitation suffit à signifier la sorcière et la nuit où elle se déploie. Cette nuit est en relief et en profondeur, et sur la perspective même qui part de l'œil, s'éparpille un merveilleux jeu de cartes qui est comme en suspension sur une eau. La lumière des profondeurs accroche le coin des cartes. Et des trèfles en profusion anormale flottent comme des ailes d'insectes noirs.

Les bas-fonds ne sont pas assez fixes qu'ils interdisent toute idée de chute. Ils sont comme le premier palier d'une chute idéale dont le tableau lui-même dissimule le fond.

Il y a un vertige dont le tournoiement a peine à se dégager des ténèbres, une descente vorace qui s'absorbe dans une sorte de nuit.

Et comme pour donner tout son sens à ce vertige, à cette faim tournante, voici qu'une bouche s'étend, et

161

s'entr'ouvre, qui semble avoir pour but de rejoindre les quatre horizons. Une bouche comme un cachet de vie pour apostiller les ténèbres et la chute, donner une issue rayonnante au vertige qui draine tout vers le bas.

L'avancée de la nuit fourmillante avec son cortège d'égouts. Voilà à quel endroit cette peinture se place, au point d'effusion des égouts.

Un vent murmurant agite toutes ces larves perdues et que la nuit ramasse en de miroitantes images. On y sent un broiement d'écluses, une sorte d'horrible choc volcanique où s'est dissociée la lumière du jour. Et de ce heurt, et de ce déchirement de deux principes naissent toutes les images en puissance, dans une poussée plus vive qu'une lame de fond.

Y a-t-il tant de choses dans cette toile?

Il y a la force d'un rêve fixé, aussi dur qu'une carapace d'insecte et plein de pattes dardées dans tous les sens du ciel.

Et en relief sur cette convulsion des bas-fonds, sur cette alliance de la lumière énergique avec tous les métaux de la nuit, comme l'image même de cet érotisme des ténèbres, se dresse la volumineuse et obscène silhouette de l'Automate Personnel.

Un grand tas et un grand pet.

Il est suspendu à des fils dont seules les attaches sont prêtes, et c'est la pulsation de l'atmosphère qui anime le reste du corps. Il ramasse autour de lui la nuit comme un herbage, comme une plantation de rameaux noirs.

Ici l'opposition est secrète, elle est comme la suite d'un scalpel. Elle est suspendue au fil du rasoir, dans le domaine inverse des âmes.

Mais tournons la page.

Un étage plus haut est la tête. Et une verte explosion de grisou, comme d'une allumette colossale, sabre et déchire l'air à cette place où la tête n'est pas.

Je m'y retrouve tel exactement que je me vois dans les miroirs du monde, et d'une ressemblance de maison ou de table, puisque toute la ressemblance est ailleurs.

Si l'on pouvait passer derrière le mur, quel déchirement on verrait, quel massacre de veines. Un amoncellement de cadavres vidés.

Et le tout, haut comme un plat de crevettes.

Voilà à quel linéament a pu aboutir tant d'esprit.

Mauvais son de cloche d'ailleurs, car de quel œil enfin je considère le sexe, dont mon appétit n'est pas mort.

Après tant de déductions et d'échecs, après tous ces cadavres dépiautés, après les avertissements des trèfles noirs, après les étendards des sorcières, après ce cri d'une bouche dans la chute sans fond, après m'être heurté à des murailles, après ce tourbillon d'astres, cet emmêlement de racines et de cheveux, je ne suis pas assez dégoûté que toute cette expérience me sèvre.

La muraille à pic de l'expérience ne me détourne pas de mon essentielle délectation.

Au fond du cri des révolutions et des orages, au fond de ce broiement de ma cervelle, dans cet abîme de désirs et de questions, malgré tant de problèmes, tant de peurs, je conserve dans le coin le plus précieux de ma tête cette préoccupation du sexe qui me pétrifie et m'arrache le sang.

Que j'aie le sang en fer et glissant, le sang plein de marécages, que je sois giflé de pestes, de renoncements, contaminé, assailli de désagrégations et d'horreurs, pourvu que persiste la douce armature d'un sexe de fer. Je le bâtis en fer, je l'emplis de miel, et c'est toujours le même sexe au milieu de l'âcre vallonnement. C'est le sexe où convergent les torrents, où s'enfoncent les soifs.

Pleins de rages, et sans sérénité ni pardon, mes torrents se font de plus en plus volumineux et s'enfoncent, et j'ajoute en plus des menaces, et des duretés d'astres et de firmaments.

Cette peinture comme un monde à vif, un monde nu, plein de filaments et de lanières, où la force irritante d'un feu lacère le firmament intérieur, le déchirement de l'intelligence, où l'expansion des forces originelles, où les états qu'on ne peut pas nommer apparaissent dans leur expression la plus pure, la moins suspecte d'alliages réels.

C'est la vie soufrée de la conscience qui remonte au jour avec ses lumignons et ses étoiles, ses tanières, son firmament,

avec la vivacité d'un pur désir,

avec son appel à une mort constante avoisinant la membrane de la résurrection.

Le corps de la femme est là, dans son étalage obscène; dans son ossature de bois. Bois immuable et fermé. Bois d'un désir irrité et que son exaspération même congèle dans sa chirurgicale et sèche nudité. Les fesses d'abord, et vers l'arrière tout le grand et massif fessier qui est là comme l'arrière-train d'une bête, où la tête n'a plus que l'importance d'un fil. La tête est là comme une idée de tête, comme l'expression d'un élément négligeable et oublié.

Et à droite et en bas, dans les arrière-fonds, dans les réserves, comme la pointe extrême du signe de la croix.

Décrirais-je le reste de la toile?

Il me semble que la simple apparition de ce corps le situe. Sur ce plan sec, à fleur de surface, il y a toute la profondeur d'une perspective idéale et qui n'existe que dans la pensée. On y retrouve, comme un linéament, la zébrure d'un éclair taillé à même la terre, et des cartes valsent autour de là.

En haut, en bas, la Pythonisse, la Sorcière, comme une sorte d'ange, de douce dragonne, avec sa figure contournée. Tous les colimaçons de l'esprit mangent sa face abstraite et se retournent comme une corde tressée.

En haut, en bas. En haut avec sa figure de momie creuse. En bas avec sa masse, sa taille massive et bien tracée. Elle est là comme une muraille de nuit compacte, attirant, déployant la flamme des cartes soufrées.

Une multitude de cœurs, une multitude de trèfles, comme autant de signes, comme autant d'appels.

Ai-je un manteau, ai-je une robe?

Une nuit de basse-fosse, une obscurité pleine d'encre déploie ses murailles mal cimentées.

LA VITRE D'AMOUR

Je la voulais miroitante de fleurs, avec de petits volcans accrochés aux aisselles, et spécialement cette lave en amande amère et qui était au centre de son corps dressé.

Il y avait aussi une arcade de sourcils sous lesquels tout le ciel passait, un vrai ciel de viol, de rapt, de lave, d'orage, de rage, bref, un ciel absolument théologal. Un ciel comme une arche dressée, comme la trompette des abîmes, comme de la ciguë bue en rêve, un ciel contenu dans toutes les fioles de la mort, le ciel d'Héloïse au-dessus d'Abélard, un ciel d'amoureux suicide, un ciel qui possédait toutes les rages de l'amour.

C'était un ciel de péché protestataire, un péché retenu au confessionnal, de ces péchés qui chargent la conscience des prêtres, un vrai péché théologal.

Et je l'aimais.

Elle était bonne, dans une taverne d'Hoffmann, mais une miteuse crapuleuse boniche, une boniche crapuleuse et mal lavée. Elle passait les plats, vidait les lieux, faisait les lits, balayait les chambres, secouait les ciels de lit et se déshabillait devant sa lucarne,

166

comme toutes les bonnes de tous les contes d'Hoffmann.

Je couchais à l'époque dans un lit piteux dont le matelas se dressait toutes les nuits, se recroquevillait devant cette avance de rats que dégorgent les reflux des mauvais rêves, et qui s'aplanissait au soleil levant. Mes draps sentaient le tabac et la morgue, et cette odeur nauséeuse et délicieuse que revêtent nos corps quand nous nous appliquons à les sentir. Bref, c'étaient de vrais draps d'étudiants amoureux.

Je piochais une thèse épaisse, ânonnante, sur les avortements de l'esprit humain à ces seuils épuisés de l'âme jusqu'où l'esprit de l'homme n'atteint pas.

Mais l'idée de la boniche me travaillait beaucoup plus que tous les phantasmes du nominalisme excessif des choses.

Je la voyais à travers le ciel, à travers les vitres fendues de ma chambre, à travers ses propres sourcils, à travers les yeux de toutes mes anciennes maîtresses, et à travers les cheveux jaunes de ma mère.

Or nous étions à la nuit de la Saint-Sylvestre. Le tonnerre tonnait, les éclairs marchaient, la pluie faisait son chemin, les cocons des rêves bêlaient, les grenouilles de tous les étangs coassaient, bref, la nuit faisait son métier.

Il me fallait maintenant trouver un moyen de m'aboucher avec la réalité... Ce n'était pas assez que d'être abouché avec la résonance obscure des choses, et d'entendre par exemple les volcans parler, et de revêtir l'objet de mes amours de tous les charmes d'un adultère anticipé par exemple, ou de toutes les horreurs, ordures, scatologies, crimes, tromperies qui

167

s'attachent à l'idée de l'amour; il me fallait trouver simplement le moyen de l'atteindre directement, c'est-à-dire, et avant tout, *de lui parler*.

Tout d'un coup la fenêtre s'ouvrit. Je vis dans un coin de ma chambre un immense jeu de dames sur lequel tombaient les reflets d'une multitude de lampes invisibles. Des têtes sans corps faisaient des rondes, se heurtaient, tombaient comme des quilles. Il y avait un immense cheval de bois, une reine en morphine, une tour d'amour, un siècle à venir. Les mains d'Hoffmann poussaient les pions, et chaque pion disait : NE LA CHERCHE PAS LA. Et dans le ciel on voyait des anges avec des ailes en pieds nickelés. Je cessai donc de regarder à la fenêtre et d'espérer voir ma boniche chérie.

Alors je sentis des pieds qui finissaient d'écraser les cristaux des planètes, juste dans la chambre au-dessus. Des soupirs ardents perçaient le plancher, et j'entendis l'écrasement d'une chose suave.

A ce moment toutes les assiettes de la terre se mirent à dégringoler et les clients de tous les restaurants du monde partirent à la poursuite de la petite bonne d'Hoffmann; et on vit la bonne qui courait comme une damnée, puis Pierre Mac Orlan, le ressemeleur de bottines absurdes, passa, poussant une brouette sur le chemin. A sa suite venait Hoffmann avec un parapluie, puis Achim d'Arnim, puis Lewis qui marchait transversalement. Enfin la terre s'ouvrit, et Gérard de Nerval apparut.

Il était plus grand que tout. Il y avait aussi un petit homme qui était moi.

— Mais notez bien que vous ne rêvez pas, me disait Gérard de Nerval, voici d'ailleurs le chanoine

Lewis qui s'y connaît : Lewis, oseriez-vous soutenir le contraire?

— Non, par tous les sexes barbus.

Ils sont stupides, pensai-je, ce n'est pas la peine d'être considérés comme de grands auteurs.

— Donc, me disait Gérard de Nerval, tout ceci, vois-tu, a un lien. Tu la mets en salade, tu la manges à l'huile, tu la décortiques sans hésiter, la boniche est ma femme.

Il ne connaît même pas le poids des mots, pensai-je.

— Pardon, le prix, le prix des mots, me souffla ma cervelle, qui, elle aussi, s'y connaissait.

— Tais-toi, ma cervelle, lui dis-je, tu n'es pas encore assez vitrifiée.

Hoffmann me dit :

— VENONS-EN AU FAIT.

Et moi :

— Je ne sais pas comment m'aboucher avec elle, je n'ose pas.

— Mais tu n'as même pas à oser, rétorqua Lewis. Tu l'obtiendras TRANSVERSALEMENT.

— Transversalement, mais à quoi? répliquai-je. Car pour l'instant c'est elle qui me traverse.

Mais puisqu'on te dit que l'amour est oblique, que la vie est oblique, que la pensée est oblique, et que tout est oblique. TU L'AURAS QUAND TU N'Y PENSERAS PAS.

Écoute là-haut. N'entends-tu pas la collusion de ces ponts de mollesse, la rencontre de cet amas d'ineffable plasticité?

Je sentais mon front éclater.

A la fin je compris qu'il s'agissait de ses seins, et je compris qu'ils se rejoignaient, et je compris que

tous ces soupirs s'exhalaient du sein même de ma
boniche. Je compris aussi qu'elle s'était couchée sur
le plancher du dessus pour être plus près de moi.

La pluie continua à couler.

Il y eut dans la rue des chants d'une stupidité
affreuse :

> Chez ma belle qu'il fait bon
> Avaler du mouron (bis)
> Car nous sommes oiseaux
> Car nous sommes oiselles
> Chez ma belle qu'il fait bon
> Colombelle à son balcon
> Toute l'eau de ses aisselles
> Ne vaut pas la mirabelle
> De ses amoureux frissons.

Cochons stupides, hurlai-je, en me levant, vous
salissez l'esprit même de l'amour.

La rue était vide. Il n'y avait que la lune qui conti-
nuait ses murmures d'eau.

Quelle est la meilleure breloque, quel est le bijou
le plus beau, quelle est l'amande la plus fondante?

A cette vision je souris.

Ce n'est pas le diable, tu vois bien, me dit-elle!

Eh non, ce n'était pas le diable, ma petite boniche
était dans mes bras.

— Depuis si longtemps, depuis si longtemps, me
dit-elle, je te désirais.

Et ce fut le pont de la grande nuit. La lune remonta
dans le ciel, Hoffmann se terra dans sa cave, tous
les restaurateurs recouvrèrent leur place, il n'y eut
plus que l'amour : Héloïse au manteau, Abélard à

la tiare, Cléopâtre à l'aspic, toutes les langues de l'ombre, toutes les étoiles de la folie.

Ce fut l'amour comme une mer, comme le péché, comme la vie, comme la mort.

L'amour sous les arcades, l'amour au bassin, l'amour dans un lit, l'amour comme le lierre, l'amour comme un mascaret.

L'amour aussi grand que les contes, l'amour comme la peinture, l'amour comme tout ce qui est.

Et tout cela dans une aussi petite femme, dans un cœur si momifié, dans une pensée si restreinte, mais la mienne *pensait* pour deux.

Du fond d'une ivresse insondable, un peintre pris de vertige tout à coup se désespérait. Mais la nuit était plus belle que tout. Tous les étudiants regagnèrent leur chambre, le peintre recouvra ses cyprès. Une lumière de fin du monde remplit peu à peu ma pensée.

Il n'y eut bientôt plus qu'une immense montagne de glace sur laquelle une chevelure blonde pendait.

Dans le cercle intérieur du royaume calcaire des Images,
à ce point subtil où l'œil de la conscience, *sans se perdre*, darde un extrême feu,
là où le nerf abandonne enfin la pensée, qui repose
Dieu sait dans quelles stratifications astrales,
la MORT gît
comme le dernier sursaut
d'une connaissance
pleine de transes
mais ARRÊTÉE [1].

---

1. Ce texte d'A. A. accompagnait le bulletin de souscription de *l'Art et la Mort*. (Note de l'éditeur.)

Textes
de la période surréaliste

Dans la lumière de l'évidence et de la réalité du cerveau,

au point où le monde devient sonore et résistant en nous,

avec les yeux de qui sent en soi se refaire les choses, de qui s'attache et se fixe sur le commencement d'une nouvelle réalité.

Ces états où la réalité la plus simple, la plus ordinaire n'arrive pas jusqu'à moi, où l'instante pression de la réalité coutumière ne perce pas jusqu'à moi, où je n'atteins même pas le niveau nécessaire de ma vie.

Et que cette pression et ce sentiment en toi se fassent jour et se produisent avec leur évidence, et leur densité normale au monde et qui convient à ce que tu es dans un système et avec une quantité qui te représente, avec la *quantité* qui te représente.

Non pas à proprement parler le volume des choses mais leur sentiment et leur retentissement en moi : le retentissement au bout duquel est la pensée.

Se laisser emporter par les choses au lieu de se fixer sur tels de leurs côtés spécieux, de rechercher sans fin des définitions qui ne nous montrent que les petits côtés

mais pour cela avoir en soi le courant des choses, être au niveau de leur courant, être enfin au niveau de la vie au lieu que nos déplorables circonstances mentales nous laissent perpétuellement dans l'entre deux,

être au niveau des objets et des choses, avoir en soi leur forme globale et leur définition du même coup

et que les localisations de ta substance pensante entrent en branle en même temps que leur sentiment et leur vision en toi.

★

Une fois pour toutes
1º j'ai l'air bien affreusement préoccupé de démontrer que je ne pense pas et que je m'en rends compte, que j'ai le cerveau faible, mais je pense que tous les hommes ont le cerveau faible d'abord — et ensuite qu'il vaut mieux être faible, qu'il vaut mieux être dans un état d'abdication perpétuelle en face de son esprit. C'est un meilleur état pour l'homme, c'est un

état plus normal, plus adapté à notre sinistre état d'hommes, à cette sinistre prétention des hommes de vouloir.

J'ai une imagination stupéfiée.

★

Il y a des montagnes de problèmes qui nous enserrent de toutes parts : Malheur à qui a pensé échapper aux problèmes, malheur à qui a cru pouvoir se dispenser de penser.

Quel siècle porte, peut montrer à son actif cet effort désespéré de conquête qui se place aux sommets glaciaires de l'Esprit.

L'AMOUR SANS TRÊVE

Ce triangle d'eau qui a soif
cette route sans écriture
Madame, et le signe de vos mâtures
sur cette mer où je me noie

Les messages de vos cheveux
le coup de fusil de vos lèvres
cet orage qui m'enlève
dans le sillage de vos yeux

Cette ombre enfin, sur le rivage
où la vie fait trêve, et le vent,
et l'horrible piétinement
de la foule sur mon passage.

Quand je lève les yeux vers vous
on dirait que le monde tremble,
et les feux de l'amour ressemblent
aux caresses de votre époux.

LA MOMIE ATTACHÉE

Tâtonne à la porte, l'œil mort
et retourné sur ce cadavre,
ce cadavre écorché que lave
l'affreux silence de ton corps.

L'or qui monte, le véhément
silence jeté sur ton corps
et l'arbre que tu portes encore
et ce mort qui marche en avant.

— Vois comme tournent les fuseaux
dans les fibres du cœur écarlate,
ce grand cœur où le ciel éclate
pendant que l'or t'immerge les os —

C'est le dur paysage de fond
qui se révèle pendant que tu marches
et l'éternité te dépasse
car tu ne peux passer le pont.

SUR LE SUICIDE

Avant de me suicider je demande qu'on m'assure de l'être, je voudrais être sûr de la mort. La vie ne m'apparaît que comme un consentement à la lisibilité apparente des choses et à leur liaison dans l'esprit. Je ne me sens plus comme le carrefour irréductible des choses, la mort qui guérit, guérit en nous disjoignant de la nature, mais si je ne suis plus qu'un déduit de douleurs où les choses ne passent pas?

Si je me tue, ce ne sera pas pour me détruire, mais pour me reconstituer, le suicide ne sera pour moi qu'un moyen de me reconquérir violemment, de faire brutalement irruption dans mon être, de devancer l'avance incertaine de Dieu. Par le suicide, je réintroduis mon dessin dans la nature, je donne pour la première fois aux choses la forme de ma volonté. Je me délivre de ce conditionnement de mes organes si mal ajustés avec mon moi, et la vie n'est plus pour moi un hasard absurde où je pense ce que l'on me donne à penser. Je choisis alors ma pensée et la direction de mes forces, de mes tendances, de ma réalité. Je me place entre le beau et le laid, le bon et le méchant. Je me fais suspendu, sans inclination, neutre,

180

en proie à l'équilibre des bonnes et des mauvaises sollicitations.

Car la vie elle-même n'est pas une solution, la vie n'a aucune espèce d'existence choisie, consentie, déterminée. Elle n'est qu'une série d'appétits et de forces adverses, de petites contradictions qui aboutissent ou avortent suivant les circonstances d'un hasard odieux. Le mal est déposé inégalement dans chaque homme, comme le génie, comme la folie. Le bien, comme le mal, sont le produit des circonstances et d'un levain plus ou moins agissant.

Il est certainement abject d'être créé et de vivre et de se sentir jusque dans les moindres réduits, jusque dans les ramifications les plus *impensées* de son être irréductiblement déterminé. Nous ne sommes que des arbres après tout, et il est probablement inscrit dans un coude quelconque de l'arbre de ma race que je me tuerai un jour donné.

L'idée même de la liberté du suicide tombe comme un arbre coupé. Je ne crée ni le temps, ni le lieu, ni les circonstances de mon suicide. Je n'en invente même pas la pensée, en sentirai-je l'arrachement?

Il se peut qu'à cet instant se dissolve mon être, mais s'il demeure entier, comment réagiront mes organes ruinés, avec quels impossibles organes en enregistrerai-je le déchirement?

Je sens la mort sur moi comme un torrent, comme le bondissement instantané d'une foudre dont je n'imagine pas la capacité. Je sens la mort chargée de délices, de dédales tourbillonnants. Où est là dedans la pensée de mon être?

Mais voici Dieu tout à coup comme un poing, comme une faux de lumière coupante. Je me suis séparé volontairement de la vie, j'ai voulu remonter mon destin!

Il a disposé de moi jusqu'à l'absurde, ce Dieu; il m'a maintenu vivant dans un vide de négations, de reniements acharnés de moi-même, il a détruit en moi jusqu'aux moindres poussées de la vie pensante, de la vie sentie. Il m'a réduit à être comme un automate qui marche, mais un automate qui sentirait la rupture de son inconscience.

Et voici que j'ai voulu faire preuve de ma vie, j'ai voulu me rejoindre avec la réalité résonnante des choses, j'ai voulu rompre ma fatalité.

Et ce Dieu que dit-il?

Je ne sentais pas la vie, la circulation de toute idée morale était pour moi comme un fleuve tari. La vie n'était pas pour moi un objet, une forme; elle était devenue pour moi une série de raisonnements. Mais des raisonnements qui tournaient à vide, des raisonnements qui ne tournaient pas, qui étaient en moi comme des « schèmes » possibles que ma volonté n'arrivait pas à fixer.

Même pour en arriver à l'état de suicide, il me faut attendre le retour de mon moi, il me faut le libre jeu de toutes les articulations de mon être. Dieu m'a placé dans le désespoir comme dans une constellation d'impasses dont le rayonnement aboutit à moi. Je ne puis ni mourir, ni vivre, ni ne pas désirer de mourir ou de vivre. Et tous les hommes sont comme moi.

LE MAUVAIS RÊVEUR

Mes rêves sont avant tout une liqueur, une sorte d'eau de nausée où je plonge et qui roule de sanglants micas. Ni dans la vie de mes rêves, ni dans la vie de ma vie je n'atteins à la hauteur de certaines images, je ne m'installe dans ma continuité. Tous mes rêves sont sans issue, sans château fort, sans plan de ville. Un vrai remugle de membres coupés.

Je suis, d'ailleurs, trop renseigné sur ma pensée pour que rien de ce qui s'y passe m'intéresse : je ne demande qu'une chose, c'est qu'on m'enferme définitivement dans ma pensée.

Et quant à l'apparence physique de mes rêves, je vous l'ai dit : une liqueur.

L'ARBRE

Cet arbre et son frémissement
forêt sombre d'appels,
de cris,
mange le cœur obscur de la nuit.

Vinaigre et lait, le ciel, la mer,
la masse épaisse du firmament,
tout conspire à ce tremblement,
qui gîte au cœur épais de l'ombre.

Un cœur qui crève, un astre dur
qui se dédouble et fuse au ciel,
le ciel limpide qui se fend
à l'appel du soleil sonnant,
font le même bruit, font le même bruit,
que la nuit et l'arbre au centre du vent.

LA RUE

La rue sexuelle s'anime
le long des faces mal venues,
les cafés pépiant de crimes
déracinent les avenues.

Des mains de sexe brûlent les poches
et les ventres bouent par-dessous ;
toutes les pensées s'entrechoquent,
et les têtes moins que les trous.

LA NUIT OPÈRE

Dans les outres des draps gonflés
où la nuit entière respire,
le poète sent ses cheveux
grandir et se multiplier.

Sur tous les comptoirs de la terre
montent des verres déracinés,
le poète sent sa pensée
et son sexe l'abandonner.

Car ici la vie est en cause
et le ventre de la pensée;
les bouteilles heurtent les crânes
de l'aérienne assemblée.

Le Verbe pousse du sommeil
comme une fleur ou comme un verre
plein de formes et de fumées.

Le verre et le ventre se heurtent,
La vie est claire
dans les crânes vitrifiés.

L'aréopage ardent des poètes
s'assemble autour du tapis vert
le vide tourne.

La vie traverse la pensée
du poète aux cheveux épais.

Dans la rue rien qu'une fenêtre,
les cartes battent;
dans la fenêtre la femme au sexe
met son ventre en délibéré.

VITRES DE SON

Vitres de son où virent les astres,
verres où cuisent les cerveaux,
le ciel fourmillant d'impudeurs
dévore la nudité des astres.

Un lait bizarre et véhément
fourmille au fond du firmament;
un escargot monte et dérange
la placidité des nuages.

Délices et rages, le ciel entier
lance sur nous comme un nuage
un tourbillon d'ailes sauvages
torrentielles d'obscénités.

POSITION DE LA CHAIR

Je pense à la vie. Tous les systèmes que je pourrai édifier n'égaleront jamais mes cris d'homme occupé à refaire sa vie.

J'imagine un système où tout l'homme participerait, l'homme avec sa chair physique et les hauteurs, la projection intellectuelle de son esprit.

Il faut compter pour moi, avant tout, avec le magnétisme incompréhensible de l'homme, avec ce que, faute d'une expression plus perçante, je suis bien obligé d'appeler sa force de vie.

Ces forces informulées qui m'assiègent, il faudra bien un jour que ma raison les accueille, qu'elles s'installent à la place de la haute pensée, ces forces qui du dehors ont la forme d'un cri. Il y a des cris intellectuels, des cris qui proviennent de la *finesse* des moelles. C'est cela, moi, que j'appelle la Chair. Je ne sépare pas ma pensée de ma vie. Je refais à chacune des vibrations de ma langue tous les chemins de ma pensée dans ma chair.

Il faut avoir été privé de la vie, de l'irradiation nerveuse de l'existence, de la complétude consciente du nerf pour se rendre compte à quel point le Sens, et la Science, de toute pensée est caché dans la vitalité nerveuse des moelles et combien ils se trompent ceux qui font un sort à l'Intelligence ou à l'absolue Intellectualité. Il y a par-dessus tout la complétude du nerf. Complétude qui tient toute la conscience, et les chemins occultes de l'esprit dans la chair.

Mais que suis-je au milieu de cette théorie de la Chair ou pour mieux dire de l'Existence? Je suis un homme qui a perdu sa vie et qui cherche par tous les moyens à lui faire reprendre sa place. Je suis en quelque sorte l'Excitateur de ma propre vitalité : vitalité qui m'est plus précieuse que la conscience, car ce qui chez les autres hommes n'est que le moyen d'être un Homme est chez moi toute la Raison.

Dans le cours de cette recherche enfouie dans les limbes de ma conscience, j'ai cru sentir les éclatements, comme le heurt de pierres occultes ou la pétrification soudaine de feux. Des feux qui seraient comme des vérités insensibles et par miracle vitalisées.

Mais il faut aller à pas lents sur la route des pierres mortes, surtout pour qui a perdu la *connaissance des mots*. C'est une science indescriptible et qui explose par poussées lentes. Et qui la possède ne la connaît pas. Mais les Anges aussi ne connaissent pas, car toute vraie connaissance est *obscure*. L'Esprit clair appartient à la matière. Je veux dire l'Esprit, à un moment donné, clair.

Mais il faut que j'inspecte ce sens de la chair qui doit me donner une métaphysique de l'Être, et la connaissance définitive de la Vie.

Pour moi qui dit Chair dit avant tout *appréhension*, poil hérissé, chair à nu avec tout l'approfondissement intellectuel de ce spectacle de la chair pure et toutes ses conséquences dans les sens, c'est-à-dire dans le sentiment.

Et qui dit sentiment dit pressentiment, c'est-à-dire connaissance directe, communication retournée et qui s'éclaire de l'intérieur. Il y a un esprit dans la chair, mais un esprit prompt comme la foudre. Et toutefois l'ébranlement de la chair participe de la substance haute de l'esprit.

Et toutefois qui dit chair dit aussi sensibilité. Sensibilité, c'est-à-dire appropriation, mais appropriation intime, secrète, profonde, absolue de ma douleur à moi-même, et par conséquent connaissance solitaire et unique de cette douleur.

MANIFESTE EN LANGAGE CLAIR

à Roger Vitrac.

Si je ne crois ni au Mal ni au Bien, si je me sens
de telles dispositions à détruire, s'il n'est rien dans
l'ordre des principes à quoi je puisse raisonnablement
accéder, le principe même en est dans ma chair.

★

Je détruis parce que chez moi tout ce qui vient de
la raison ne tient pas. Je ne crois plus qu'à l'évidence
de ce qui agite mes moelles, non de ce qui s'adresse
à ma raison. J'ai trouvé des étages dans le domaine
du nerf. Je me sens maintenant capable de départager
l'évidence. Il y a pour moi une évidence dans le
domaine de la chair pure, et qui n'a rien à voir avec
l'évidence de la raison. Le conflit éternel de la raison
et du cœur se départage dans ma chair même, mais
dans ma chair irriguée de nerfs. Dans le domaine de
l'impondérable affectif, l'image amenée par mes nerfs
prend la forme de l'intellectualité la plus haute, à
qui je me refuse à arracher son caractère d'intellec-

tualité. Et c'est ainsi que j'assiste à la formation d'un concept qui porte en lui la fulguration même des choses, qui arrive sur moi avec un bruit de création. Aucune image ne me satisfait que si elle est en même temps *Connaissance*, si elle porte avec elle sa substance en même temps que sa lucidité. Mon esprit fatigué de la raison discursive se veut emporté dans les rouages d'une nouvelle, d'une absolue gravitation. C'est pour moi comme une réorganisation souveraine où seules les lois de l'Illogique participent, et où triomphe la découverte d'un nouveau Sens. Ce Sens perdu dans le désordre des drogues et qui donne la figure d'une intelligence profonde aux phantasmes contradictoires du sommeil. Ce Sens est une conquête de l'esprit sur lui-même, et, bien qu'irréductible par la raison, il existe, mais seulement à l'*intérieur de l'esprit*. Il est l'ordre, il est l'intelligence, il est la signification du chaos. Mais ce chaos, il ne l'accepte pas tel quel, il l'interprète, et comme il l'interprète, il le perd. Il est la logique de l'Illogique. Et c'est tout dire. Ma déraison lucide ne redoute pas le chaos.

★

Je ne renonce à rien de ce qui est l'Esprit. Je veux seulement transporter mon esprit ailleurs avec ses lois et ses organes. Je ne me livre pas à l'automatisme sexuel de l'esprit, mais au contraire dans cet automatisme je cherche à isoler les découvertes que la raison claire ne me donne pas. Je me livre à la fièvre des rêves, mais c'est pour en retirer de nouvelles lois. Je recherche la multiplication, la finesse, l'œil intellectuel dans le délire, non la vaticination hasardée. Il y a un couteau que je n'oublie pas.

Mais c'est un couteau à mi-chemin dans les rêves, et que je maintiens au dedans de moi-même, que je ne laisse pas venir à la frontière des sens clairs.

★

Ce qui est du domaine de l'image est irréductible par la raison et doit demeurer dans l'image sous peine de s'annihiler.

Mais toutefois il y a une raison dans les images, il y a des images plus claires dans le monde de la vitalité imagée.

Il y a dans le grouillement immédiat de l'esprit une insertion multiforme et brillante de bêtes. Ce poudroiement insensible et *pensant* s'ordonne suivant des lois qu'il tire de l'intérieur de lui-même, en marge de la raison claire et de la conscience ou raison *traversée*.

★

Dans le domaine surélevé des images l'illusion proprement dite, l'erreur matérielle, n'existe pas, à plus forte raison l'illusion de la connaissance; mais à plus forte raison encore le sens d'une nouvelle connaissance peut et doit descendre dans la réalité de la vie.

La vérité de la vie est dans l'impulsivité de la matière. L'esprit de l'homme est malade au milieu des concepts. Ne lui demandez pas de se satisfaire, demandez-lui seulement d'être calme, de croire qu'il a bien trouvé sa place. Mais seul le Fou est bien calme.

TEXTE SURRÉALISTE

Le monde physique est encore là. C'est le parapet du moi qui regarde, sur lequel un poisson d'ocre rouge est resté, un poisson fait d'air sec, d'une coagulation d'eau retirée.

Mais quelque chose s'est produit tout à coup.

Il est né une arborescence brisante, avec des reflets de fronts, élimés, et quelque chose comme un nombril parfait, mais vague, et qui avait la couleur d'un sang trempé d'eau, et au-devant était une grenade qui épandait aussi un sang mêlé d'eau, qui épandait un sang dont les lignes pendaient ; et dans ces lignes, des cercles de seins tracés dans le sang du cerveau.

Mais l'air était comme un vide aspirant dans lequel ce buste de femme venait dans le tremblement général, dans le secouement de ce monde vitré, qui virait en éclats de fronts, et secouait sa végétation de colonnes, ses nichées d'œufs, ses nœuds en spires, ses montagnes mentales, ses frontons étonnés. Et dans les frontons des colonnes des soleils par hasard s'étaient pris, des soleils dressés sur des jets d'air comme des œufs, et mon front écartait ces colonnes, et l'air floconneux, et les miroirs de soleils, et les spires naissantes, vers la ligne précieuse des seins, et le creux du nombril, et le ventre qui n'était pas.

Mais toutes les colonnes perdent leurs œufs, et en rupture de la ligne des colonnes il naît des œufs en ovaires, des œufs en sexes retournés.

La montagne est morte, l'air est éternellement mort. Dans cette rupture décisive d'un monde, tous les bruits sont pris dans la glace, le mouvement est pris dans la glace; et l'effort de mon front s'est gelé.

Mais sous la glace un bruit effrayant traversé de cocons de feu entoure le silence du ventre nu et privé de glace, et il monte des soleils retournés et qui se regardent, des lunes noires, des feux terrestres, des trombes de laits.

La froide agitation des colonnes partage en deux mon esprit, et je touche mon sexe à moi, le sexe du bas de mon âme, qui monte en triangle enflammé *.

* Ce texte a été écrit sous l'inspiration des tableaux de M. André Masson.

ENQUÊTE

ON VIT, ON MEURT, QUELLE EST LA PART DE VOLONTÉ
EN TOUT CELA? IL SEMBLE QU'ON SE TUE COMME ON
RÊVE. CE N'EST PAS UNE QUESTION MORALE QUE NOUS
POSONS :

LE SUICIDE EST-IL UNE SOLUTION?

Non, le suicide est encore une hypothèse. Je prétends
avoir le droit de douter du suicide comme de tout le
reste de la réalité. *Il faut* pour l'instant et jusqu'à
nouvel ordre douter affreusement non pas à proprement parler de l'existence, ce qui est à la portée de
n'importe qui, mais de l'ébranlement intérieur et de
la sensibilité profonde des choses, des actes, de la
réalité. Je ne crois à rien à quoi je ne sois rejoint par
la sensibilité d'un cordon pensant et comme météorique, et je manque tout de même un peu trop de
météores en action. L'existence construite et sentante
de tout homme me gêne, et résolument j'abomine
toute réalité. Le suicide n'est que la conquête fabu-
leuse et lointaine des hommes qui pensent bien, mais

197

l'état proprement dit du suicide est pour moi incompréhensible. Le suicide d'un neurasthénique est sans aucune valeur de représentation quelconque, mais l'état d'âme d'un homme qui aurait bien déterminé son suicide, les circonstances matérielles, et la minute du déclenchement merveilleux. J'ignore ce que c'est que les choses, j'ignore tout état humain, rien du monde ne tourne pour moi, ne tourne en moi. Je souffre affreusement de la vie. Il n'y a pas d'état que je puisse atteindre. Et très certainement je suis mort depuis longtemps, je suis déjà suicidé. *On* m'a suicidé, c'est-à-dire. Mais que penseriez-vous d'un *suicide antérieur*, d'un suicide qui nous ferait rebrousser chemin, mais de l'autre côté de l'existence, et non pas du côté de la mort. Celui-là seul aurait pour moi une valeur. Je ne sens pas l'appétit de la mort, je sens l'appétit *du ne pas être*, de n'être jamais tombé dans ce déduit d'imbécillités, d'abdications, de renonciations et d'obtuses rencontres qui est le moi d'Antonin Artaud, bien plus faible que lui. Le moi de cet infirme errant et qui de temps en temps vient proposer son ombre sur laquelle lui-même a craché, et depuis longtemps, ce moi béquillard, et traînant, ce moi virtuel, impossible, et qui se retrouve tout de même dans la réalité. Personne comme lui n'a senti sa faiblesse qui est la faiblesse principale, essentielle de l'humanité. A détruire, à ne pas exister.

A TABLE

Quittez les cavernes de l'être. Venez. L'esprit souffle en dehors de l'esprit. Il est temps d'abandonner vos logis. Cédez à la Toute-Pensée. Le Merveilleux est à la racine de l'esprit.

Nous sommes du dedans de l'esprit, de l'intérieur de la tête. Idées, logique, ordre, Vérité (avec un grand V), Raison, nous donnons tout au néant de la mort. Gare à vos logiques, Messieurs, gare à vos logiques, vous ne savez pas jusqu'où notre haine de la logique peut nous mener.

Ce n'est que par un détournement de la vie, par un arrêt imposé à l'esprit, que l'on peut fixer la vie dans sa physionomie dite réelle, mais la réalité n'est pas là-dessous. C'est pourquoi, nous, qui visons à une certaine éternité, surréelle, nous qui depuis longtemps ne nous considérons plus dans le présent, et qui sommes à nous-mêmes comme nos ombres réelles, il ne faut pas venir nous embêter en esprit.

Qui nous juge, n'est pas né à l'esprit, à cet esprit que nous voulons dire et qui est pour nous en dehors de ce que vous appelez l'esprit. Il ne faut pas trop attirer notre attention sur les chaînes qui nous ratta-

chent à la pétrifiante imbécillité de l'esprit. Nous avons
mis la main sur une bête nouvelle. Les cieux répon-
dent à notre attitude d'absurdité insensée. Cette habitude que vous avez de tourner le dos aux questions,
n'empêchera pas au jour dit les cieux de s'ouvrir, et
une nouvelle langue de s'installer au milieu de vos
tractations imbéciles, nous voulons dire des tractations
imbéciles de votre pensée.

Il y a des signes dans la Pensée. Notre attitude
d'absurdité et de mort est celle de la réceptivité la
meilleure. A travers les fentes d'une réalité désormais
inviable, parle un monde volontairement sibyllin.

Oui, voici maintenant le seul usage auquel puisse servir désormais le langage, un moyen de folie, d'élimination de la pensée, de rupture, le dédale des déraisons, et non pas un DICTIONNAIRE où tels cuistres des environs de la Seine canalisent leurs rétrécissements spirituels.

RÊVE

I

C'était un cinématographe aérien. Du haut d'un aéroplane immuable on cinématographiait l'envol d'une mécanique précise qui savait ce qu'elle faisait. L'air étant plein d'un ronron lapidaire comme la lumière qui l'emplissait. Mais le phare parfois ratait l'appareil.

A la fin, nous ne fûmes plus que deux ou trois sur les ailes de la machine. L'aéroplane pendait au ciel. Je me sentais dans un équilibre odieux. Mais comme la mécanique se renversait, il nous fallut faire un tour dans le vide en nous rétablissant sur des anneaux. A la fin l'opération réussit, mais mes amis étaient partis ; il ne restait plus que les mécaniciens ajusteurs qui faisaient tourner leurs vilebrequins dans le vide.

A cet instant, un des deux fils cassa :

— Arrêtez les travaux, leur criai-je, je tombe !

Nous étions à cinq cents mètres du sol.

— Patience, me répondit-on, vous êtes né pour tomber.

Il nous fallait éviter de marcher sur les ailes de la machine. Je les sentais pourtant résistantes sous moi.

— C'est que si je tombe, hurlai-je, je savais bien que je ne sais pas voler.

Et je sentis que tout craquait.

Un cri : Envoyez les « lancets »!

Et immédiatement *j'imaginai* mes jambes saisies par le coup de rasoir du lasso, l'aéroplane quitter mes pieds, et moi suspendu dans le vide, les pieds au plafond.

Je ne sus jamais *si c'était arrivé.*

II

Et immédiatement, j'en arrivai à la cérémonie matrimoniale attendue. C'était un mariage où on ne mariait que des vierges, mais il y avait aussi des actrices, des prostituées ; et pour arriver à la vierge, il fallait passer un petit fleuve, un cours d'eau hérissé de joncs. Or les maris se renfermaient avec les vierges et les entreprenaient immédiatement.

Une entre autres, plus vierge que les autres, avait une robe à carreaux clairs, des cheveux frisés. Elle fut possédée par un acteur connu. Elle était petite et assez forte. Je regrettai qu'elle ne m'aimât pas.

La chambre dans laquelle on la mit avait une porte qui fermait mal, et à travers la fente de la porte j'assistai à son abandon. J'étais d'ailleurs assez loin de la fente, mais de tous les gens qui étaient dans la salle nul autre que moi ne s'occupait de ce qui se passait dans la chambre. Je la voyais déjà nue et debout, et j'admirais comment son impudeur était enveloppée de fraîcheur et d'une espèce de décision résolue. Elle sentait très bien son sexe, mais comme une chose absolument naturelle et normale à ce moment-là : elle était avec un jeune mari. Et donc nous la poursuivîmes en bateau.

III

Nous étions trois en robe de moine, et comme suite à la robe de moine, Max Jacob arriva en petit manteau. Il voulait me réconcilier avec la vie, avec la vie ou avec lui-même, et je sentais en avant de moi la masse morte de ses raisons.

Auparavant, nous avions traqué quelques femmes. Nous les possédions sur des tables, au coin des chaises, dans les escaliers, et l'une d'elles était ma sœur.

Les murs étaient noirs, les portes s'y découpaient nettement, et laissaient percer des éclairages de caveaux. Le décor tout entier était une *analogie* volontaire et *créée*. Ma sœur était couchée sur une table, elle était déjà grosse et avait beaucoup de manteaux. Mais elle était sur un autre plan que moi-même dans un autre milieu.

Il y avait des tables et des portes lucides, des escaliers. Je sentis que tout cela était laid. Et nous avions mis des robes longues pour masquer notre péché.

Or ma mère arriva en costume d'abbesse. Je redoutai qu'elle n'arrivât. Mais le manteau court de Max

Jacob démontrait qu'il n'y avait plus rien à cacher.

Il avait deux manteaux, l'un vert et l'autre jaune, et le vert était plus long que le jaune. Ils apparurent successivement. Nous compulsâmes nos papiers.

Nous avons moins besoin d'adeptes actifs que
d'adeptes bouleversés.

ADRESSE AU PAPE

Le Confessionnal, ce n'est pas toi, ô Pape, c'est nous, mais, comprends-nous et que la catholicité nous comprenne.

Au nom de la Patrie, au nom de la Famille, tu pousses à la vente des âmes, à la libre trituration des corps.

Nous avons entre notre âme et nous assez de chemins à franchir, assez de distances pour y interposer tes prêtres branlants et cet amoncellement d'aventureuses doctrines dont se nourrissent tous les châtrés du libéralisme mondial.

Ton Dieu catholique et chrétien qui, comme les autres dieux, a pensé tout le mal :

1º Tu l'as mis dans ta poche.

2º Nous n'avons que faire de tes canons, index, péché, confessionnal, prêtraille, nous pensons à une autre guerre, guerre à toi, Pape, chien.

Ici l'esprit se confesse à l'esprit.

Du haut en bas de ta mascarade romaine ce qui triomphe c'est la haine des vérités immédiates de l'âme, de ces flammes qui brûlent à même l'esprit.

Il n'y a Dieu, Bible ou Évangile, il n'y a pas de mots qui arrêtent l'esprit.

Nous ne sommes pas au monde. O Pape confiné dans le monde, ni la terre, ni Dieu ne parlent par toi.

Le monde, c'est l'abîme de l'âme, Pape déjeté, Pape extérieur à l'âme, laisse-nous nager dans nos corps, laisse nos âmes dans nos âmes, nous n'avons pas besoin de ton couteau de clartés[1].

1. Des adresses non signées, publiées dans *la Révolution surréaliste*, dont l'idée initiale et le choix des destinataires sont d'A. A., mais dont certaines ont subi, du fait des corrections collectives, d'importants remaniements au cours d'une séance de travail du groupe surréaliste, nous avons conservé ici seulement celles à propos desquelles tous les témoignages s'accordent à dire qu'aucun changement n'a été apporté par le groupe à la rédaction primitive d'A. A. (Note de l'éditeur.)

ADRESSE AU DALAÏ-LAMA

Nous sommes tes très fidèles serviteurs, ô Grand
Lama, donne-nous, adresse-nous tes lumières, dans un
langage que nos esprits contaminés d'Européens puissent comprendre, et au besoin, change-nous notre
Esprit, fais-nous un esprit tout tourné vers ces cimes
parfaites ou l'Esprit de l'Homme ne souffre plus.

Fais-nous un Esprit sans habitudes, un esprit gelé
véritablement dans l'Esprit, ou un Esprit avec des
habitudes plus pures, les tiennes, si elles sont bonnes
pour la liberté.

Nous sommes environnés de papes rugueux, de lit-
térateurs, de critiques, de chiens, notre Esprit est parmi
les chiens, qui pensent immédiatement avec la terre,
qui pensent indécrottablement dans le présent.

Enseigne-nous, Lama, la lévitation matérielle des
corps et comment nous pourrions n'être plus tenus
par la terre.

Car, tu sais bien à quelle libération transparente
des âmes, à quelle liberté de l'Esprit dans l'Esprit,
ô Pape acceptable, ô Pape en l'Esprit véritable, nous
faisons allusion.

C'est avec l'œil du dedans que je te regarde, ô

Pape au sommet du dedans. C'est du dedans que je te ressemble, moi, poussée, idée, lèvre, lévitation, rêve, cri, renonciation à l'idée, suspendu entre toutes les formes, et n'espérant plus que le vent.

LETTRE AUX ÉCOLES DU BOUDDHA

Vous qui n'êtes pas dans la chair, et qui savez à quel point de sa trajectoire charnelle, de son va-et-vient insensé, l'âme trouve le verbe absolu, la parole nouvelle, la terre intérieure, vous qui savez comment on se retourne dans sa pensée, et comment l'esprit peut se sauver de lui-même, vous qui êtes intérieurs à vous-mêmes, vous dont l'esprit n'est plus sur le plan de la chair, il y a ici des mains pour qui prendre n'est pas tout, des cervelles qui voient plus loin qu'une forêt de toits, une floraison de façades, un peuple de roues, une activité de feu et de marbres. Avance ce peuple de fer, avancent les mots écrits avec la vitesse de la lumière, avancent l'un vers l'autre les sexes avec la force des boulets, qu'est-ce qui sera changé dans les routes de l'âme? Dans les spasmes du cœur, dans l'insatisfaction de l'esprit.

C'est pourquoi jetez à l'eau tous ces blancs qui arrivent avec leurs têtes petites, et leurs esprits si bien conduits. Il faut ici que ces chiens nous entendent, nous ne parlons pas du vieux mal humain. C'est d'autres besoins que notre esprit souffre que ceux inhérents à la vie. Nous souffrons d'une pourriture, de la pourriture de la Raison.

L'Europe logique écrase l'esprit sans fin entre les marteaux de deux termes, elle ouvre et referme l'esprit. Mais maintenant l'étranglement est à son comble, il y a trop longtemps que nous pâtissons sous le harnais. L'esprit est plus grand que l'esprit, les métamorphoses de la vie sont multiples. Comme vous, nous repoussons le progrès : venez, jetez bas nos maisons.

Que nos scribes continuent encore pour quelque temps d'écrire, nos journalistes de papoter, nos critiques d'ânonner, nos juifs de se couler dans leurs moules à rapines, nos politiques de pérorer, et nos assassins judiciaires de couver en paix leurs forfaits. Nous savons, nous, ce que c'est que la vie. Nos écrivains, nos penseurs, nos docteurs, nos gribouilles s'y entendent à rater la vie. Que tous ces scribes bavent sur nous, qu'ils y bavent par habitude ou manie, qu'ils y bavent par châtrage d'esprit, par impossibilité d'accéder aux nuances, à ces limons vitreux, à ces terres tournantes, où l'esprit haut placé de l'homme s'interchange sans fin, nous avons capté la pensée la meilleure. Venez. Sauvez-nous de ces larves. Inventez-nous de nouvelles maisons.

L'ACTIVITÉ DU BUREAU
DE RECHERCHES SURRÉALISTES

Le fait d'une révolution surréaliste dans les choses est applicable à tous les états de l'esprit,
à tous les genres d'activité humaine,
à tous les états du monde au milieu de l'esprit,
à tous les faits établis de morale,
à tous les ordres d'esprit.

Cette révolution vise à une dévalorisation générale des valeurs, à la dépréciation de l'esprit, à la déminéralisation de l'évidence, à une confusion absolue et renouvelée des langues,
au dénivellement de la pensée.

Elle vise à la rupture et à la disqualification de la logique qu'elle pourchassera jusqu'à extirpation de ses retranchements primitifs.

Elle vise au reclassement spontané des choses suivant un ordre plus profond et plus fin, et impossible à élucider par les moyens de la raison ordinaire, mais un ordre tout de même, et perceptible à l'on ne sait quel sens..., mais perceptible tout de même, et un ordre qui n'appartient pas tout à fait à la mort.

Entre le monde et nous la rupture est bien établie. Nous ne parlons pas pour nous faire comprendre, mais seulement à l'intérieur de nous-mêmes, avec des socs d'angoisse, avec le tranchant d'une obstination acharnée, nous retournons, nous dénivelons la pensée.

Le bureau central des recherches surréalistes s'applique de toutes ses forces à ce reclassement de la vie.

Il y a toute une philosophie du surréalisme à instituer, ou ce qui peut en tenir lieu.

Il ne s'agit pas à proprement parler d'établir des canons, des préceptes,

mais de trouver :

1º Des moyens d'investigation surréaliste au sein de la pensée surréaliste;

2º De fixer des repères, des moyens de reconnaissance, des conduits, des îlots.

On peut, on doit admettre jusqu'à un certain point une mystique surréaliste, un certain ordre de croyances évasives par rapport à la raison ordinaire, mais toutefois bien déterminées, touchant à des points bien fixés de l'esprit.

Le surréalisme, plutôt que des croyances, enregistre un certain ordre de répulsions.

Le surréalisme est avant tout un état d'esprit, il ne préconise pas de recettes.

Le premier point est de se bien placer en esprit.

Nul surréaliste n'est au monde, ne se pense dans le présent, ne croit à l'efficacité de l'esprit-éperon, de l'esprit-guillotine, de l'esprit-juge, de l'esprit-docteur, et résolument il s'espère à côté de l'esprit.

Le surréaliste a jugé l'esprit.

Il n'a pas de sentiments qui fassent partie de lui-même, il ne se reconnaît aucune pensée. Sa pensée ne lui fabrique pas de monde auquel *raisonnablement* il acquiesce.

Il désespère de s'atteindre l'esprit.

Mais enfin il est dans l'esprit, c'est de l'intérieur qu'il se juge, et devant sa pensée le monde ne pèse pas lourd. Mais dans l'intervalle de quelque perte, de quelque manquement à lui-même, de quelque résorption instantanée de l'esprit, il verra apparaître la bête blanche, la bête vitreuse et qui pense.

C'est pourquoi il est une Tête, il est la seule Tête qui émerge dans le présent. Au nom de sa liberté intérieure, des exigences de sa paix, de sa perfection, de sa pureté, il crache sur toi, monde livré à la desséchante raison, au mimétisme embourbé des siècles, et qui as bâti tes maisons de mots et établi tes répertoires de préceptes où il ne se peut plus que le surréel esprit n'explose, le seul qui vaille de nous déraciner.

★

Ces notes que les imbéciles jugeront du point de vue du sérieux et les malins du point de vue de la langue sont un des premiers modèles, un des premiers aspects de ce que j'entends par la Confusion de ma langue. Elles s'adressent aux confus de l'esprit, aux aphasiques par arrêt de la langue. Que voilà pourtant bien des notes qui sont au centre de leur objet. Ici la pensée fait défaut, ici l'esprit laisse apercevoir ses membres. Que voilà des notes imbéciles, des notes, primaires comme dit cet autre, « dans les articulations de leur pensée ». Mais des notes fines vraiment.

Quel esprit bien placé n'y découvrira un redressement perpétuel de la langue, et la tension après le manque, la connaissance du détour, l'acceptation du mal-formulé. Ces notes qui méprisent la langue, qui crachent sur la pensée.

Et toutefois entre les failles d'une pensée humainement mal construite, inégalement cristallisée, brille une volonté de sens. La volonté de mettre au jour les détours d'une chose encore mal faite, une volonté de croyance.

Ici s'installe une certaine Foi,

mais que les coprolaliques m'entendent, les aphasiques, et en général tous les discrédités des mots et du verbe, les parias de la Pensée.

Je ne parle que pour ceux-là.

NOUVELLE LETTRE
SUR MOI-MÊME

Cher...

C'est en ce moment pour moi une sale époque, toutes les époques d'ailleurs sont dégueulasses dans l'état où je suis. Vous n'imaginez pas à quel point je puis être privé d'idées. Je n'ai même pas les idées qui pourraient correspondre à ma chair, à mon état de bête physique, soumise aux choses et rejaillissant à la multiplicité de leurs contacts.

Et la bête mentale n'en parlons pas. Ce que j'admire, ce pour quoi j'ai appétit, c'est la bête intelligente qui cherche, mais qui ne cherche pas à chercher. La bête qui vit. Il ne faut pas que l'agrégat de la conscience se défasse. Ce qui me fait rire chez les hommes, chez tous les hommes, c'est qu'ils n'imaginent pas que l'agrégat de leur conscience se défasse ; à n'importe quelle opération mentale qu'ils se livrent ils sont sûrs de leur agrégat. Cet agrégat qui remplit chacun des interstices de leurs plus minimes, de leurs plus insoupçonnables opérations, à quelque stade d'éclaircissement et d'évolution dans l'esprit que ces opérations soient parvenues. Il ne s'agit pas de cela, il ne s'agit jamais de cela. Car si l'on devait toujours penser à sa pensée, n'est-ce pas, pas moyen de penser, de se livrer à une opération mentale, supérieure à ce qui est proprement la pensée. Et non pas l'exsudat, la sécrétion de l'esprit, mais le mécanisme de cet exsudat. J'estime avoir assez emmerdé les hommes par le compte rendu de mon contingentement spirituel, de mon atroce disette psychique, et je pense qu'ils sont en droit d'attendre de moi autre chose que des cris d'impuissance et que le dénombrement de mes impossibilités, ou que je me taise. Mais le problème est justement que je vis. Ce qui est capable d'arracher les hommes à leurs terres, à ces terres figées de l'esprit enfermé dans son cercle, c'est ce qui sort du domaine de la pensée proprement dite, ce qui pour moi est au-dessus des relations de l'esprit. Je suis comme un aveugle au milieu des idées, toute spéculation qui ne serait pas un constat, une simple agitation de phénomènes connus m'est interdite, mais le mal à y regarder de près est que je ne vois pas la nouveauté, ou pour mieux dire la nécessité d'aucune opération intellectuelle. Il n'y a pas de choc dans l'esprit qui m'apparaisse le résultat d'une *Idée*, c'est-à-dire d'une conflagration nourricière de forces au visage neuf.

J'en suis au point où je ne sens plus les idées comme des idées, comme des rencontres de choses spirituelles ayant en elles le magnétisme, le prestige, l'illumination de l'absolue spiritualité, mais comme de simples assemblages d'objets. Je ne les sens plus, je ne les vois plus, je n'ai plus le pouvoir qu'elles me secouent comme telles, et c'est pourquoi probablement je les laisse passer en moi sans les reconnaître. Mon agrégat de conscience est rompu. J'ai perdu le sentiment de l'esprit, de ce qui est proprement pensable, ou le

pensable en moi tourbillonne comme un système absolument détaché, puis revient à son ombre. Et bientôt
le sensible s'éteint. Et il nage comme des lambeaux
de petites pensées, une illumination *descriptive* du
monde, et quel monde!

Mais au milieu de cette misère sans nom il y a
place pour un orgueil, qui a aussi comme une face
de conscience. C'est si l'on veut la connaissance par
le vide, une espèce de cri abaissé et qui au lieu qu'il
monte descend. Mon esprit s'est ouvert par le ventre,
et c'est par le bas qu'il entasse une sombre et intra-
duisible science, pleine de marées souterraines,
d'édifices concaves, d'une agitation congelée. Qu'on ne
prenne pas ceci pour des images. Ce voudrait être
la forme d'un abominable savoir. Mais je réclame
seulement pour qui me considère le silence, mais un
silence intellectuel si j'ose dire, et pareil à mon attente
crispée.

LETTRE A PERSONNE

Cher Monsieur,

Je vous ai envoyé une suite de phrases tendues qui essayaient de se rapprocher de l'idée de suicide mais ne l'entamaient en réalité aucunement. La vérité est que je ne comprends pas le suicide. J'admets qu'on se sépare violemment de la vie, de cette espèce de promiscuité obligée des choses avec l'essence de notre moi, mais le fait lui-même, le caractère aventuré de ce détachement m'échappe.

Depuis longtemps la mort ne m'intéresse pas. Je ne vois pas très bien ce que l'on peut détruire de conscient en soi : même en mourant volontairement. Il y a une irruption obligée de *Dieu* dans notre être qu'il nous faudrait détruire avec cet être, il y a tout ce qui touche cet être et qui est devenu partie intégrante de sa substance, et qui cependant ne mourra pas avec lui. Il y a cette contamination irréductible de la vie, il y a cette invasion de la nature qui par un jeu de réflexes et de compromissions mystérieuses pénètre beaucoup mieux que nous-mêmes jusqu'au principe de notre vie. De quelque côté que je regarde en moi-même, je sens qu'aucun de mes gestes, aucune de mes pensées ne m'appartient.

Je ne sens la vie qu'avec un retard qui me la rend désespérément virtuelle.

A chacune de mes pensées que j'abdique, je me suis déjà suicidé. Même dans le néant il y a encore trop de choses à détruire. *Je crois que je renonce à mourir.* Je ne conçois pas, je ne sens pas la mort comme une aventure, je me sens mourir, et mourir sans emphase, sans heurt, sans parole, mais avec un lent, un immuable déchirement.

Je ne puis concevoir autre chose que ce qui entre dans ma pensée. La mort ne peut être qu'un de ces mille frissons, un de ces vagues coups d'ongles des choses qui touchent à la membrane de mon moi. Et les choses vraiment ne sont plus à vivre : je me sens avoir tout vécu, et si je me retourne vers la mort pour me délivrer de cet asservissement à penser, à sentir, à vivre...

Mais ce qui me fait le plus peur dans la mort, ce n'est pas ce rapprochement avec Dieu, ce retour à mon centre, c'est la nécessité d'une rentrée définitive en moi-même comme terminaison de mes maux.

Je ne puis pas me délivrer de la vie, je ne puis pas me délivrer de *quelque chose.*

Je voudrais être sûr que le penser, le sentir, le vivre, sont des faits antérieurs à Dieu; le suicide aurait alors un sens.

Mais Dieu, la mort stupide, la vie encore plus horrible, sont les trois termes d'un insoluble problème auquel le suicide ne touche pas.

Croyez-moi bien vôtre.

INVOCATION A LA MOMIE

Ces narines d'os et de peau
par où commencent les ténèbres
de l'absolu, et la peinture de ces lèvres
que tu fermes comme un rideau

Et cet or que te glisse en rêve
la vie qui te dépouille d'os,
et les fleurs de ce regard faux
par où tu rejoins la lumière

Momie, et ces mains de fuseaux
pour te retourner les entrailles,
ces mains où l'ombre épouvantable
prend la figure d'un oiseau

Tout cela dont s'orne la mort
comme d'un rite aléatoire,
ce papotage d'ombres, et l'or
où nagent tes entrailles noires

C'est par là que je te rejoins,
par la route calcinée des veines,
et ton or est comme ma peine
le pire et le plus sûr témoin

222

CORRESPONDANCE DE LA MOMIE

Cette chair qui ne se touche plus dans la vie,
cette langue qui n'arrive plus à dépasser son écorce,
cette voix qui ne passe plus par les routes du son,
cette main qui a oublié plus que le geste de prendre,
qui n'arrive plus à déterminer l'espace où elle réalisera
sa préhension,
cette cervelle enfin où la conception ne se détermine
plus dans ses lignes,
tout cela qui fait ma momie de chair fraîche donne à
dieu une idée du vide où la nécessité d'être né m'a placé.
Ni ma vie n'est complète, ni ma mort n'est absolument avortée.
Physiquement je ne suis pas, de par ma chair massa-
crée, incomplète, qui n'arrive plus à nourrir ma pensée.
Spirituellement je me détruis moi-même, je ne
m'accepte plus vivant. Ma sensibilité est au ras des
pierres, et peu s'en faut qu'il n'en sorte des vers, la
vermine des chantiers délaissés.
Mais cette mort est beaucoup plus raffinée, cette
mort multipliée de moi-même est dans une sorte de
raréfaction de ma chair. L'intelligence n'a plus de
sang. La seiche des cauchemars donne toute son encre
qui engorge les issues de l'esprit, c'est un sang qui

a perdu jusqu'à ses veines, une viande qui ignore le tranchant du couteau.

Mais du haut en bas de cette chair ravinée, de cette chair non compacte circule toujours le feu virtuel. Une lucidité allume d'heure en heure ses braises, qui rejoignent la vie et ses fleurs.

Tout ce qui a un nom sous la voûte compacte du ciel, tout ce qui a un front, — ce qui est le nœud d'un souffle et la corde d'un frémissement, tout cela passe dans les girations de ce feu où se rebroussent les vagues de la chair même, de cette chair dure et molle et qui un jour monte comme le déluge d'un sang.

L'avez-vous vue la momie figée dans l'intersection des phénomènes, cette ignorante, cette vivante momie, qui ignore tout des frontières de son vide, qui s'épouvante des pulsations de sa mort.

La momie volontaire est levée, et autour d'elle toute réalité bouge. Et la conscience, comme un brandon de discorde, parcourt le champ entier de sa virtualité obligée.

Il y a dans cette momie une perte de chair, il y a dans le sombre parler de sa chair intellectuelle tout un impouvoir à conjurer cette chair. Ce sens qui court dans les veines de cette viande mystique, dont chaque soubresaut est une manière de monde, et un autre genre d'enfantement, se perd et se dévore lui-même dans la brûlure d'un néant erroné.

Ah! être le père nourricier de ce soupçon, le multiplicateur de cet enfantement et de ce monde dans ses déduits, dans ses conséquences de fleur.

Mais toute cette chair n'est que commencements et qu'absences, et qu'absences, et qu'absences...

Absences.

A LA GRANDE NUIT

ou

LE BLUFF SURRÉALISTE

Que les surréalistes m'aient chassé ou que je me
sois mis moi-même à la porte de leurs grotesques
simulacres, la question depuis longtemps n'est pas
là *. C'est parce que j'en ai eu assez d'une mascarade
qui n'avait que trop duré que je me suis retiré de
là dedans, bien certain d'ailleurs que dans le cadre
nouveau qu'ils s'étaient choisi pas plus que dans nul

---

* *J'insisterai à peine sur le fait que les surréalistes* n'aient rien
trouvé de mieux pour essayer de me détruire que de se servir de
mes propres écrits. Cette note qui figure au bas des pages 6 et 7
de la brochure « Au grand jour » et qui vise à ruiner les fondements
mêmes de mon activité, il faut qu'on sache bien qu'elle n'est que
la reproduction pure et simple, la copie à peine déguisée de fragments pris à des textes que je leur destinais et où je m'occupais
de placer sous son jour véritable leur activité à eux toute farcie
de haines misérables et de velléités sans lendemain. J'avais fait
de ces fragments la matière d'un article qui me fut successivement
refusé par deux ou trois revues, dont la N. R. F., comme trop
compromettant. Peu importe de savoir par les offices de quel mou-
chard cet article est parvenu entre leurs mains. L'essentiel est
qu'ils l'aient trouvé assez gênant pour éprouver le besoin d'en
neutraliser l'effet. Quant aux accusations que je leur destinais
et qu'ils me retournent, je laisse aux gens qui me connaissent
bien, et pas à leur ignoble manière, le soin de nous départager.
Tout le fond, toutes les exaspérations de notre querelle roulent
autour du mot Révolution.

autre les surréalistes ne feraient rien. Et le temps et les faits n'ont pas manqué de me donner raison.

Que le surréalisme s'accorde avec la Révolution ou que la Révolution doive se faire en dehors et au-dessus de l'aventure surréaliste, on se demande ce que cela peut bien faire au monde quand on pense au peu d'influence que les surréalistes sont parvenus à gagner sur les mœurs et les idées de ce temps.

Y a-t-il d'ailleurs encore une aventure surréaliste et le surréalisme n'est-il pas mort du jour où Breton et ses adeptes ont cru devoir se rallier au communisme et chercher dans le domaine des faits et de la matière immédiate l'aboutissement d'une action qui ne pouvait normalement se dérouler que dans les cadres intimes du cerveau.

Ils croient pouvoir se permettre de me railler quand je parle d'une métamorphose des conditions intérieures de l'âme*, comme si j'entendais l'âme sous le sens

---

* Comme si un homme qui a éprouvé une fois pour toutes les limites de son action, qui refuse de s'engager au delà de ce qu'il croit en conscience être ces limites était moins digne d'intérêt, au point de vue révolutionnaire, que tel braillard imaginaire qui dans le monde étouffant où nous vivons, monde fermé et à tout jamais immobile, en appelle à je ne sais quel état insurrectionnel du soin de départager des actes et des gestes que tout le monde sait bien qu'il ne fera pas.

C'est très exactement ce qui m'a fait vomir le surréalisme : la considération de l'impuissance native, de la faiblesse congénitale de ces messieurs, opposée à leur attitude perpétuellement ostentatoire, à leurs menaces dans le vide, à leurs blasphèmes dans le néant. Et aujourd'hui que font-ils que nous étaler une fois de plus leur impuissance, leur invincible stérilité? C'est pour avoir refusé de m'engager au delà de moi-même, pour avoir réclamé le silence autour de moi et d'être fidèle en pensées et en actes à ce que je sentais être ma profonde, mon irrémissible impuissance que ces Messieurs ont jugé ma présence inopportune parmi eux. Mais ce qui leur parut par-dessus tout condamnable et blasphématoire

infect sous lequel eux-mêmes l'entendent et comme
si du point de vue de l'absolu il pouvait être du
moindre intérêt de voir changer l'armature sociale
du monde ou de voir passer le pouvoir des mains de
la bourgeoisie dans celles du prolétariat.

fut que je ne veuille m'en remettre qu'à moi du soin de déterminer
mes limites, que j'exige d'être laissé libre et maître de ma propre
action. Mais que me fait à moi toute la Révolution du monde
si je sais demeurer éternellement douloureux et misérable au
sein de mon propre charnier. Que chaque homme ne veuille
rien considérer au delà de sa sensibilité profonde, de son moi
intime, voilà pour moi le point de vue de la Révolution intégrale.
Il n'y a de bonne révolution que celle qui me profite, à moi, et à
des gens comme moi. Les forces révolutionnaires d'un mouvement
quelconque sont celles capables de désaxer le fondement actuel
des choses, de changer l'angle de la réalité.

Mais dans une lettre écrite aux communistes ils avouent leur
impréparation absolue dans le domaine dans lequel ils viennent
de s'engager. Mieux que cela, que le genre d'activité qu'on leur
demande est inconciliable avec leur propre esprit.

Et c'est ici qu'eux et moi quoi qu'ils en aient nous nous rejoi-
gnons tout au moins en partie dans une inhibition d'essence simi-
laire quoique due à des causes autrement graves, autrement
significatives pour moi que pour eux. Ils se reconnaissent en fin
de compte incapables de faire ce que je me suis toujours refusé à
tenter. Quant à l'action surréaliste elle-même, je suis tranquille.
Ils ne peuvent guère que passer leurs jours à la conditionner. Faire
le point, faire le point en eux comme n'importe quel Stendhal,
ces Amiels de la Révolution communiste. L'idée de la Révolution
ne sera jamais pour eux qu'une idée sans que cette idée à force
de vieillir acquière une ombre d'efficacité.

Mais ne voient-ils pas qu'ils révèlent l'inanité du mouvement
surréaliste lui-même, du surréalisme intact de toute contamination, quand ils éprouvent le besoin de rompre son développement interne, son véritable développement pour l'étayer par
une adhésion de principe ou de fait au Parti Communiste Français.
Était-ce cela ce mouvement de révolte, cet incendie à la base de
toute réalité? Le surréalisme pour vivre avait-il besoin de s'incarner
dans une révolte de fait, de se confondre avec telles revendications
touchant la journée de huit heures, ou le réajustement des salaires
ou la lutte contre la vie chère. Quelle plaisanterie ou quelle bassesse
d'âme. C'est bien pourtant ce qu'ils semblent dire, que cette adhésion au Parti Communiste Français leur paraissait comme la suite

Si encore les surréalistes cherchaient réellement cela, ils seraient au moins excusables. Leur but serait banal et restreint mais enfin il existerait. Mais ont-ils le moindre but vers lequel lancer une action et quand ont-ils été foutus d'en formuler un ?

Travaille-t-on d'ailleurs dans un but ? Travaille-t-on avec des mobiles ? Les surréalistes croient-ils pouvoir justifier leur expectative par le simple fait de la conscience qu'ils en ont ? L'expectative n'est pas un état d'esprit. Quand on ne fait rien on ne risque pas de se casser la figure. Mais ce n'est pas une raison suffisante pour faire parler de soi.

Je méprise trop la vie pour penser qu'un change-ment quel qu'il soit qui se développerait dans le cadre des apparences puisse rien changer à ma détestable condition. Ce qui me sépare des surréalistes c'est qu'ils aiment autant la vie que je la méprise. Jouir dans toutes les occasions et par tous les pores, voilà le centre de leurs obsessions. Mais l'ascétisme ne fait-il pas corps avec la véritable magie, même la plus sale, même la plus noire. Le jouisseur diabolique lui-même a des côtés d'ascète, un certain esprit de macération.

logique du développement de l'idée surréaliste et sa seule sauve-garde idéologique ! ! !

Mais je nie que le développement logique du surréalisme l'ait conduit jusqu'à cette forme définie de révolution que l'on entend sous le nom de Marxisme. J'ai toujours pensé qu'un mouvement aussi indépendant que le surréalisme n'était pas justiciable des procédés de la logique ordinaire. C'est une contradiction d'ailleurs qui n'est pas pour gêner beaucoup les surréalistes, bien disposés à ne rien laisser perdre de tout ce qui peut être à leur avantage, de tout ce qui peut momentanément les servir. — Parlez-leur Logique, ils vous répondront Illogique, mais parlez-leur Illogique, Désordre, Incohérence, Liberté, ils vous répondront Nécessité, Loi, Obliga-tions, Rigueur. Cette mauvaise foi essentielle est à la base de leurs agissements.

Je ne parle pas de leurs écrits qui eux sont resplendissants quoique vains du point de vue auquel ils se placent. Je parle de leur attitude centrale, de l'exemple de toute leur vie. Je n'ai pas de haine individuelle. Je les repousse et les condamne en bloc, rendant à chacun d'entre eux toute l'estime et même toute l'admiration qu'ils méritent pour leurs œuvres ou pour leur esprit. En tout cas et à ce point de vue je n'aurai pas comme eux l'enfantillage de faire volte-face à leur sujet, et de leur dénier tout talent du moment qu'ils ont cessé d'être mes amis. Mais il ne s'agit pas heureusement de cela.

Il s'agit de ce décalage du centre spirituel du monde, de ce dénivellement des apparences, de cette transfiguration du possible que le surréalisme devait contribuer à provoquer. Toute matière commence par un dérangement spirituel. S'en remettre aux choses, à leurs transformations, du soin de nous conduire, est un point de vue de brute obscène, de profiteur de la réalité. Personne n'a jamais rien compris et les surréalistes eux-mêmes ne comprennent pas et ne peuvent pas prévoir où leur volonté de Révolution les mènera. Incapables d'imaginer, de se représenter une Révolution qui n'évoluerait pas dans les cadres désespérants de la matière, ils s'en remettent à la fatalité, à un certain hasard de débilité et d'impuissance qui leur est propre, du soin d'expliquer leur inertie, leur éternelle stérilité.

Le surréalisme n'a jamais été pour moi qu'une nouvelle sorte de magie. L'imagination, le rêve, toute cette intense libération de l'inconscient qui a pour but de faire affleurer à la surface de l'âme ce qu'elle a l'habitude de tenir caché doit nécessairement introduire de profondes transformations dans l'échelle des apparences, dans la valeur de signification et le symbolisme du créé. Le concret tout entier change de vêture, d'écorce, ne s'applique plus aux mêmes gestes mentaux. L'au-delà, l'invisible repoussent la réalité. Le monde ne tient plus.

C'est alors qu'on peut commencer à cribler les fantômes, à arrêter les faux semblants.

Que la muraille épaisse de l'occulte s'écroule une fois pour toutes sur tous ces impuissants bavards qui consument leur vie en objurgations et en vaines menaces, sur ces révolutionnaires qui ne révolutionnent rien.

Ces brutes qui me convient à me convertir. J'en aurais certes bien besoin. Mais au moins je me reconnais infirme et sale. J'aspire après une autre vie. Et tout bien compté je préfère être à ma place qu'à la leur *.

---

* Cette bestialité dont je parle et qui les révolte tant est cependant ce qui les caractérise le mieux. Leur amour du plaisir immédiat, c'est-à-dire de la matière, leur a fait perdre leur orientation primitive, cette magnifique puissance d'évasion dont nous croyions qu'ils allaient nous dispenser le secret. Un esprit de désordre, de mesquine chicane, les pousse à se déchirer les uns les autres. Hier, c'était Soupault et moi qui nous en allions écœurés. Avant-hier c'était Roger Vitrac dont l'exclusion est une de leurs premières saloperies.

Ils auront beau hurler dans leur coin et dire que ce n'est pas cela, je leur répondrai que pour moi le surréalisme a toujours été une insidieuse extension de l'invisible, l'inconscient à portée de la main. Les trésors de l'inconscient invisible devenus palpables, conduisant la langue directement, d'un seul jet.

Pour moi, Rusbroeck, Martinez de Pasqualis, Boehme, me justifient suffisamment. N'importe quelle action spirituelle si elle est juste se matérialise quand il faut. Les conditions intérieures de l'âme! mais elles portent avec elles leur vêture de pierre, de véritable action. C'est un fait acquis et acquis de lui-même, irrémissiblement sous-entendu.

Que reste-t-il de l'aventure surréaliste? Peu de chose si ce n'est un grand espoir déçu, mais dans le domaine de la littérature elle-même peut-être ont-ils en effet apporté quelque chose. Cette colère, ce dégoût brûlant versé sur la chose écrite constitue une attitude féconde et qui servira peut-être un jour, plus tard. La littérature s'en trouve purifiée, rapprochée de la vérité essentielle du cerveau. Mais c'est tout. De conquêtes positives, en marge de la littérature, des images, il n'y en a pas et c'était pourtant le seul fait qui importe. De la bonne utilisation des rêves pouvait naître une nouvelle manière de conduire sa pensée, de se tenir au milieu des apparences. La vérité psychologique était dépouillée de toute excroissance parasitaire, inutile, serrée de beaucoup plus près. On vivait alors à coup sûr, mais c'est peut-être une loi de l'esprit que l'abandon de la réalité ne puisse jamais conduire qu'aux fantômes, Dans le cadre exigu de notre domaine palpable nous sommes pressés, sollicités de toute part. On l'a bien vu dans cette aberration qui a conduit des révolutionnaires sur le plan le plus haut possible, à abandonner littéralement ce plan, à attacher à ce mot de révolution son sens utilitaire pratique, le sens social dont on prétend qu'il est seul valable, car on ne veut pas se payer de mots. Étrange retour sur soi-même, étrange nivellement.

Mettre en avant une simple attitude morale, croit-on que cela puisse suffire si cette attitude est toute marquée d'inertie? L'intérieur du surréalisme le conduit jusqu'à la Révolution. C'est cela le fait positif. La seule conclusion efficace possible (qu'ils disent) et à laquelle un grand nombre de surréalistes ont refusé de se rallier; mais, les autres, ce ralliement au communisme, que leur a-t-il donné, que leur a-t-il fait rendre ? Il ne les a pas fait avancer d'un pas. Cette morale du devenir de quoi relèverait, paraît-il, la Révolution, jamais je n'en ai senti la nécessité dans le cercle fermé de ma personne. Je place au-dessus de toute nécessité réelle les exigences logiques de ma propre réalité. C'est cela la seule logique qui me paraît valable et non telle logique supérieure dont les irradiations ne m'affectent qu'autant qu'elles touchent ma sensibilité. Il n'y a pas de discipline à laquelle je me sente forcé de me soumettre quelque rigoureux que soit le raisonnement qui m'entraîne à m'y rallier.

Deux ou trois principes de mort et de vie sont pour moi au-dessus de toute soumission précaire. Et n'importe quelle logique ne m'a jamais paru qu'empruntée.

★

Le surréalisme est mort du sectarisme imbécile de ses adeptes. Ce qu'il en reste est une sorte d'amas hybride sur lequel les surréalistes eux-mêmes sont incapables de mettre un nom. Perpétuellement à la lisière des apparences, inapte à prendre pied dans la vie, le surréalisme en est encore à rechercher son issue, à piétiner sur ses propres traces. Impuissant à choisir, à se déterminer soit en totalité pour le mensonge, soit en totalité pour la vérité (vrai mensonge du spirituel illusoire, fausse vérité du réel immédiat, mais destructible), le surréalisme pourchasse cet insondable, cet indéfinissable interstice de la réalité où appuyer son levier jadis puissant, aujourd'hui tombé en des mains de châtrés. Mais ma débilité mentale, ma lâcheté bien connues se refusent à trouver le moindre intérêt à des bouleversements qui n'affecteraient que ce côté extérieur, immédiatement perceptible, de la réalité. La métamorphose extérieure est une chose à mon sens qui ne peut être donnée que par surcroît. Le plan social, le plan matériel vers lequel les surréalistes dirigent leurs pauvres velléités d'action, leurs haines à tout jamais virtuelles n'est pour moi qu'une représentation inutile et sous-entendue.

Je sais que dans le débat actuel j'ai avec moi tous les hommes libres, tous les révolutionnaires véritables qui pensent que la liberté individuelle est un bien supérieur à celui de n'importe quelle conquête obtenue sur un plan relatif.

★

Mes scrupules en face de toute action réelle ?

Ces scrupules sont absolus et ils sont de deux sortes. Ils visent, absolument parlant, ce sens enraciné de l'inutilité profonde de n'importe quelle action spontanée ou non spontanée.

C'est le point de vue du pessimisme intégral. Mais une certaine forme de pessimisme porte avec elle sa lucidité. La lucidité du désespoir, des sens exacerbés et comme à la lisière des abîmes. Et à côté de l'horrible relativité de n'importe quelle action humaine cette spontanéité inconsciente qui pousse malgré tout à l'action.

Et aussi dans le domaine équivoque, insondable de l'inconscient, des signaux, des perspectives, des aperçus, toute une vie qui grandit quand on la fixe et se révèle capable de troubler encore l'esprit.

Voici donc nos communs scrupules. Mais chez eux ils se sont résolus au profit, semble-t-il, de l'action. Mais une fois reconnue la nécessité de cette action, ils s'empressent de s'en déclarer incapables. C'est un domaine dont la configuration de leur esprit les éloigne à tout jamais. Et moi en ce qui me concerne ai-je jamais dit autre chose? Avec en ma faveur tout de même des circonstances psychologiques et physiologiques désespérément anormales et dont, eux, ne sauraient se prévaloir.

L'OSSELET TOXIQUE

J'évoque la dent d'inexistence et d'imperceptibles cohabitations. Ici, psychiatres, je vous appelle au chevet de cet homme gonflé et qui cependant respire encore. Rassemblez-vous avec vos sacs d'abominables denrées autour de ce corps couché long et qui couche sur vos sarcasmes. Il est perdu, il est INTOXIQUÉ, je vous dis, et *il en tient* de vos renversements de barrières, de vos fantômes à vide, de vos pépiements d'écorchés. *Il en tient.* Piétinez donc ce corps vide, ce corps transparent qui a bravé l'interdit. Il est MORT. Il a traversé cet enfer que vous lui promettiez au delà d'une liquéfaction d'os, et d'une étrange libération spirituelle qui était pour vous le danger des dangers. Et voici qu'un entrecroisement de nerfs le domine!

Ah médecine, voici l'homme qui a TOUCHÉ le danger. Tu as gagné, psychiatrie, tu as GAGNÉ et il te dépasse. La fourmilière du rêve agace ses membres en sommeil. Un rassemblement de volontés adverses le détend, élevé en lui comme de brusques murailles. Le ciel s'effondre avec fracas. Que sent-il? Il a dépassé le sentiment de soi-même. Il t'échappe par mille et mille ouvertures. Tu crois le tenir et il est libre. Il ne t'appartient pas.

Il ne t'appartient pas, DÉNOMINATION. Ta mauvaise sensibilité vise à quoi? A le remettre entre les mains de sa mère, à faire de lui le conduit, l'égout de la plus petite confrérie mentale possible, du plus petit dénominateur commun conscient?

Sois tranquille. IL EST CONSCIENT.

Mais il est le plus Grand Conscient.

Mais il est le piédestal d'un souffle qui courbe ton crâne de mauvais dément, car il a au moins gagné cela, d'avoir renversé la Démence. Et maintenant, lisiblement, consciemment, clairement, universellement, elle souffle sur ton château de mesquine folie, elle te désigne petit tremblement apeuré en recul devant la Toute-Vie.

Car flotter sur des membres grandiloquents, sur d'épaisses mains de nageoires, avoir le cœur éclairci à la mesure de la peur, percevoir l'éternité d'un grondement d'insecte sur le parquet, entrevoir les mille et un picotements de la solitude nocturne, le pardon d'être abandonné, frapper sur des murailles sans fin une tête qui s'entr'ouvre et qui se brise en pleurs, étendre sur une table tremblante un sexe inutilisable et bien faussé,

saillir enfin, *saillir* avec la plus redoutable des têtes en face des mille abruptes ruptures d'une existence mal plantée, vider d'un côté l'existence et de l'autre regagner le vide d'une cristalline liberté,

au fond donc de ce verbalisme toxique, il y a le spasme flottant d'un corps libre et qui regagne ses origines, la muraille de mort étant claire, étant coupée rase et renversée. Car c'est ainsi que la mort procède, par le fil d'une angoisse que le corps ne peut manquer de traverser. La muraille bouillante de l'angoisse appelle à elle d'abord un atroce rétrécissement, un abandon primitif d'organes, tel qu'en peut rêver la désolation d'un enfant. A ce rendez-vous de parents monte en rêve la mémoire — visages d'aïeux oubliés. Tout un rendez-vous de races humaines auxquelles tel et tel appartient. Premier éclaircissement d'une rage toxique.

Voici l'étrange lueur des toxiques qui écrase l'espace sinistrement familial.

Dans la palpitation de la nuit solitaire, voici ce bruit de fourmis que font les découvertes, les révélations, les apparitions, voici ces grands corps échoués qui reprennent du vent et des ailes, voici l'immense frétillement de la Survie. A cette convocation de cadavres, le stupéfiant arrive avec sa face de sanie. Des dispositions immémoriales commencent. La Mort a d'abord la figure des Regrets. Une désolation souveraine donne le ton à tant de rêves qui ne demandent qu'à se réveiller. Qu'en dites-vous ? Et nierez-vous le retentissement de ces Royaumes par lesquels je ne fais que de commencer[1] !

1. A l'issue de l'unique représentation de *Partage de Midi*, de Paul Claudel (l'acte III), donnée par le Théâtre Alfred Jarry le 14 janvier 1928, A. A. s'était réconcilié avec le groupe surréaliste. Une note au bas de ce texte saluait la réapparition des noms d'A. A. et de Roger Vitrac au sommaire de *la Révolution Surréaliste*. Curieuse coïncidence, c'est au cours des deux représentations du *Songe*, de Strindberg, les 2 et 9 juin 1928, que sera consommée la rupture définitive. (Note de l'éditeur.)

LE DIALOGUE EN 1928

Question? Réponse. Simple travail d'adéquation qui implique tout l'optimisme de la conversation. Les pensées des deux interlocuteurs se poursuivent séparément. Le rapport momentané de ces pensées leur en impose pour une coïncidence même dans la contradiction. Très réconfortant, somme toute, puisque vous n'aimez rien tant que questionner ou répondre, le « Cadavre exquis » a fait exécuter à votre intention quelques questions et réponses dont la dépendance, soigneusement imprévue, est aussi bien garantie. Nous ne nous opposons pas à ce que les esprits inquiets n'y voient qu'une amélioration plus ou moins sensible, des règles du jeu des « petits papiers ».

ANTONIN ARTAUD ET ANDRÉ BRETON

A. Le surréalisme a-t-il toujours la même importance dans l'organisation ou la désorganisation de notre vie?

B. C'est de la boue, dans la composition de laquelle n'entrent guère que des fleurs.

★

A. Combien de fois pensez-vous aimer encore?
B. C'est un soldat dans une guérite. Ce soldat est seul. Il regarde une photographie qu'il vient de tirer de son porte-monnaie.

★

A. La mort a-t-elle une importance dans la composition de votre vie?
B. C'est l'heure d'aller se coucher.

★

B. Qu'est-ce que l'amour immortel?
A. Pauvreté n'est pas vice.

★

A. Nuit ou gouffre?
B. C'est de l'ombre.

★

A. Qu'est-ce qui vous dégoûte le plus dans l'amour?
B. C'est vous, cher ami, et c'est moi.

239

LA VIE ET L'ŒUVRE D'ANTONIN ARTAUD

Né à Marseille le 4 septembre 1896, mort à Ivry-sur-Seine le 4 mars 1948. Poète, acteur, metteur en scène, il fut aussi un dessinateur. En 1922, est admis dans la compagnie du Théâtre de l'Atelier, fondée par Charles Dullin. Adhère dès 1924 au groupe surréaliste, dirige la Centrale du Bureau de Recherches Surréalistes, et collabore activement à *la Révolution surréaliste* jusqu'en 1926. En 1927, fonde avec Roger Vitrac et Robert Aron le théâtre Alfred Jarry qui donna quatre spectacles : *les Mystères de l'amour*, de Roger Vitrac, *Partage de Midi*, de Claudel, *Victor ou les Enfants au pouvoir* de Vitrac et *le Songe*, de Strindberg. Écrit plusieurs scenari, de film dont l'un, *la Coquille et le Clergyman* fut porté à l'écran en 1927. Découvre en 1931 le Théâtre Balinais et les immenses possibilités du théâtre oriental; publie le premier manifeste du « Théâtre de la Cruauté » en 1932, et adapte, d'après Shelley et Stendhal, *les Cenci*, qu'il monte au Théâtre des Folies Wagram en 1935. Réunit la même année les textes, conférences, lettres qu'il écrivit entre 1932 et 1935 sur le théâtre. Ce livre, dont l'influence est sans cesse croissante parut en 1938 sous le titre *le Théâtre et son Double*. Après avoir publié *Héliogabale ou l'anarchiste couronné* en 1934, il fait un voyage au Mexique en 1936, qui lui inspirera *D'un Voyage au pays des Tarahumaras*, et, quinze jours avant de partir pour l'Irlande, en 1937, il publie sans nom d'auteur *les Nouvelles Révélations de l'Être*. C'est à son retour d'Irlande qu'il fut appréhendé et interné d'office à l'asile psychiatrique de Sotteville-lès-Rouen : internement qui dura près de dix ans et se termina à l'asile de Rodez, d'où il écrivit de nombreuses lettres, publiées sous le titre : *Lettres de Rodez* et *Supplément aux Lettres de Rodez*. Fut rendu à la vie publique en 1946 à la suite de démarches effectuées par ses amis. Publie alors *Artaud le Mômo*, *Van Gogh ou le suicidé de la société*, *Ci-Gît précédé de la Culture Indienne*, et un texte écrit pour la radio, *Pour en finir avec le jugement de dieu*, qui ne fut pas transmis sur les ondes.

Il n'avait pas encore cinquante-deux ans au moment de sa mort.

INDEX BIBLIOGRAPHIQUE

CORRESPONDANCE AVEC JACQUES RIVIÈRE.

Publiée pour la première fois dans *la Nouvelle Revue Française* (nº 132, septembre 1924) sous le titre *Une correspondance.* Sur la couverture de la revue le nom de l'auteur était remplacé par trois étoiles. A l'intérieur les lettres de Jacques Rivière étaient signées de ses initiales, celles d'Antonin Artaud de son nom en entier.

Publiée en volume dans la collection « Une Œuvre, Un Portrait » avec un portrait de l'auteur par Jean de Bosschère. *Éditions de la Nouvelle Revue Française,* 14 octobre 1927.

L'OMBILIC DES LIMBES.

Collection « Une Œuvre, Un Portrait » avec un portrait de l'auteur par André Masson. *Éditions de la Nouvelle Revue Française,* 23 juillet 1925.

Les deux poèmes de *l'Ombilic des Limbes : Avec moi dieu-le-chien* et *Poète noir* avaient paru dans *le Disque Vert* (nº 3, 3e année, 4e série, 1925).

A la Bibliothèque littéraire Jacques Doucet se trouve un manuscrit mis sous chemise par Antonin Artaud. Sur cette couverture improvisée il a inscrit :

Trois contes
de
Antonin Artaud.

1ᵉʳ février 1925.

A l'intérieur de cette chemise se trouvent les manuscrits de *Paul les Oiseaux*, de *la Vitre d'amour* et de *le Jet de Sang*. Les deux autres textes étant datés à la dernière page, le 1ᵉʳ février 1925 est la date de composition de *Paul les Oiseaux*. Celle de *le Jet de Sang* le 17 janvier 1925.

LE PÈSE-NERFS.

Le Pèse-Nerfs (contenant *Lettre de Ménage, Deuxième Lettre de Ménage, Troisième Lettre de Ménage*).
Collection *Pour vos beaux yeux*, tiré à soixante-quinze exemplaires, 1ᵉʳ août 1925. La couverture était spécialement dessinée par André Masson.
N.-B.: Cette collection était dirigée par Louis Aragon.

Dans *les Cahiers du Sud* (n° 81, juillet 1926) *Lettre de Ménage* (en réalité *Deuxième Lettre de Ménage*).

Le Pèse-Nerfs suivi des Fragments du Journal d'Enfer Collection *Critique* n° 5, avec un frontispice par André Masson. *Les Cahiers du Sud*, Marseille, 9 mars 1927.

FRAGMENTS D'UN JOURNAL D'ENFER.

Les *Fragments d'un Journal d'Enfer* avaient paru dans la revue *Commerce* (cahier VII, printemps 1926).

L'ART ET LA MORT.

A l'Enseigne des Trois Magots, avec un frontispice par Jean de Bosschère. Robert Denoël, éditeur, 17 avril 1929.
La presque totalité des textes de ce volume avaient déjà paru en revue.

Lettre à la Voyante dans *la Révolution Surréaliste* (n° 8, 1ᵉʳ décembre 1926).

Héloïse et Abélard dans *la Nouvelle Revue Française* (no 147, décembre 1925).

Le Clair Abélard dans *les Feuilles Libres* (no 47, décembre 1927, janvier 1928).

Uccello le Poil, dans *la Révolution Surréaliste* (no 8, 1er décembre 1926).

L'Enclume des Forces dans *la Révolution Surréaliste* (no 7, 15 juin 1926).

L'Automate personnel dans les *Cahiers d'Art* (no 3, 1927).

La Vitre d'Amour dans *la Revue Européenne* (no 29, 1er juillet 1925).

Le manuscrit déposé à la Bibliothèque littéraire Jacques Doucet fournit la date de composition de ce texte : 22 janvier 1925.

TEXTES DE LA PÉRIODE SURRÉALISTE :

Dans la lumière de l'évidence..., *Une fois pour toutes...* et *Il y a des montagnes de problèmes...* : ces trois textes avaient été notés sur les feuillets dont Antonin Artaud utilisa le verso pour écrire *la Vitre d'Amour*.

Au recto d'un feuillet simple de papier blanc à quadrillage rectangulaire de format 21 × 27 cm dont Antonin Artaud avait coutume de se servir, portant au verso la page numérotée 3 de *la Vitre d'Amour*, on trouve le court texte : *Une fois pour toutes...*, écrit à l'encre violette.

Au recto d'un feuillet de papier à lettres blanc, presque transparent, de format 21 × 27 cm, portant au verso la page numérotée 4 de *la Vitre d'Amour*, on trouve le court texte : *Il y a des montagnes de problèmes...*, écrit au crayon.

Enfin la page numérotée 6 de *la Vitre d'Amour* occupe une seule page d'un feuillet double de papier blanc à quadrillage rectangulaire, de format 21 × 27 cm. Le texte : *Dans la lumière de l'évidence...* est écrit à l'encre noire sur les trois pages restantes.

L'Amour sans trève, *la Momie attachée* : poèmes communiqués par Génica Athanasiou.

Sur le Suicide, réponse à une enquête sur le suicide faite par *le Disque Vert* (no 1, 3ᵉ année, 4ᵉ série, janvier 1925).

Le Mauvais Rêveur, réponse à une enquête sur les rêves et la psychanalyse faite par *le Disque Vert* (no 2, 3ᵉ année, 4ᵉ série, 1925).

L'Arbre, la Rue, la Nuit opère, Vitres de son ; poèmes publiés dans *le Disque vert* (no3, 3ᵉ année 4ᵉ série, 1925).

Position de la chair : la *Nouvelle Revue Française* (no 147, décembre 1925).

Manifeste en langage clair : la *Nouvelle Revue Française* (no 147, décembre 1925).

Texte surréaliste : la *Révolution Surréaliste* (no 2, 15 janvier 1925).

Non, le suicide est encore une hypothèse. Réponse à une *Enquête : le suicide est-il une solution?* faite par *la Révolution Surréaliste* (no 2, 15 janvier 1925).

A table, Adresse au Pape, Adresse au Dalaï-Lama, Lettre aux Écoles du Bouddha, Textes non signés : *la Révolution Surréaliste* (no 3, 15 avril 1925). La direction de ce numéro, intitulé *1925 : la fin de l'ère chrétienne,* avait été confiée à Antonin Artaud.

Oui, voici maintenant le seul usage... Faisait suite à *Glossaire : j'y serre mes gloses,* par Michel Leiris : *la Révolution Surréaliste* (no 3, 15 avril 1925).

Rêve : la *Révolution Surréaliste* (no 3, 15 avril 1925).

Nous avons moins besoin... Phrase lapidaire publiée en corps gras dans ce même numéro précédée d'une phrase signée d'André Masson et suivie d'une phrase signée de Louis Aragon.

L'Activité du Bureau de Recherches Surréalistes : la *Révolution Surréaliste* (no 3, 15 avril 1925).

Nouvelle lettre sur moi-même : la *Révolution Surréaliste* (no 5, 15 octobre 1925).

Lettre à personne : les *Cahiers du Sud* (no 81, juillet 1926).

Invocation à la Momie : la *Révolution Surréaliste* (nº 7, 15 juin 1926).

Correspondance de la Momie : la *Nouvelle Revue Française* (nº 162, mars 1927).

A la grande nuit ou le Bluff surréaliste : A Paris, chez l'auteur (juin 1927). Réponse à *Au grand jour*, signé Aragon, Breton, Éluard, Péret, Unik.

L'Osselet toxique : la *Révolution Surréaliste* (nº 11, 15 mars 1928).

Le dialogue en 1928 : la *Révolution Surréaliste* (nº 11, 15 mars 1928).

ŒUVRES COMPLÈTES
D'ANTONIN ARTAUD

ACHEVÉ D'IMPRIMER
LE 16 AVRIL 1968
IMPRIMERIE FIRMIN-DIDOT
PARIS - MESNIL - IVRY

Imprimé en France
Nᵒ *d'édition* : 13375
Dépôt légal : 2ᵉ trimestre 1968. — 134